直播电商综合实训

刘冬美　余　涛　主　编
王红蕾　谷　鹏　副主编

清华大学出版社
北　京

内 容 简 介

为贯彻《国家职业教育改革实施方案》等文件精神，满足电商或新媒体等相关专业产教融合的要求，编者结合自身与行业企业实际合作经验编写了本书。本书与《新媒体直播电商创业实务》相配套，融入新技术、新要求、新模式、新规范，通过深化理论实务的实训内容，搭建具有"工作过程导向"特征的"实训+实操"双模教材。

本书全面介绍了新媒体运营直播电商的相关业务流程、方法和工具。通过对本书的学习，学习者能够以电商店铺运营的视角，结合理论与实际，依靠真实智慧供应链平台"好生意"管理商品订单业务，结合新媒体运营设置创建线上店铺及直播带货形式，从而全面掌握新技术、新方法、新平台下的技术技能要求。本书分为五个模块，分别为搭建直播电商管理平台、店铺业务管理、店铺运营、直播带货实战、后端数据管控分析。本书利用讲授法和直观演示法，全面介绍直播电商供应链的平台与基础业务操作，同时利用任务驱动法和自我学习法，促进学生对电商运营实训、实战环节的全面学习与应用。

本书结构清晰，逻辑严密，配合多种行业类目案例，拓展教学实训及实操，具有较高的行业实用价值。本书配有在线课程、课件、电商平台等数字资源，选取典型且实用的案例资源，依靠专业平台进行操作流程的讲解，便于使用者配套学习。

本书可以作为各类职业院校电子商务、跨境电子商务、网络营销与直播电商、移动商务、市场营销、连锁经营与管理等相关专业的教材，还可供电商新媒体相关从业者参考使用。

本书封面贴有清华大学出版社防伪标签，无标签者不得销售。
版权所有，侵权必究。举报：010-62782989，beiqinquan@tup.tsinghua.edu.cn。

图书在版编目(CIP)数据

直播电商综合实训 / 刘冬美，余涛主编. —北京：清华大学出版社，2023.1（2024.9重印）
ISBN 978-7-302-62104-1

Ⅰ. ①直… Ⅱ. ①刘… ②余… Ⅲ. ①网络营销 Ⅳ. ①F713.365.2

中国版本图书馆 CIP 数据核字(2022)第 198316 号

责任编辑：刘金喜
封面设计：周晓亮
版式设计：孔祥峰
责任校对：马遥遥
责任印制：丛怀宇

出版发行：清华大学出版社
网　　址：https://www.tup.com.cn, https://www.wqxuetang.com
地　　址：北京清华大学学研大厦 A 座　　　邮　　编：100084
社 总 机：010-83470000　　　　　　　　　邮　　购：010-62786544
投稿与读者服务：010-62776969, c-service@tup.tsinghua.edu.cn
质 量 反 馈：010-62772015, zhiliang@tup.tsinghua.edu.cn

印 装 者：三河市铭诚印务有限公司
经　　销：全国新华书店
开　　本：185mm×260mm　　　印　　张：17.5　　　字　　数：437 千字
版　　次：2023 年 2 月第 1 版　　印　　次：2024 年 9 月第 2 次印刷
定　　价：79.00 元

产品编号：093224-01

主　　任：王红蕾

副 主 任：刘冬美

委　　员：余　涛　　谷　鹏　　刘　金　　崔成飞

　　　　　陈以雪　　周　荥　　陈美荣　　胡　渤

　　　　　张叔阳　　张　杰　　郭　琼　　魏奇慧

　　　　　付　强　　郑　爽　　陈江北　　许山珊

　　　　　张世博　　李中生

前言

《国家职业教育改革实施方案》(职教 20 条)在"三教"改革的基础上,进一步针对教育教学标准、校企合作、工学结合等提出具体要求,为我国职业教育专业建设、课程改革奠定了坚实的宏观基础与发展方向。我国各级各类特色职业院校,需在教学教育各方面落实立德树人根本任务,通过健全德技并修、工学结合的育人机制,完善评价机制,规范人才培养的全过程。

为贯彻《国家职业教育改革实施方案》,积极配合推动职业教育人才培养框架的完善,为职业教育人才提供包括产教融合、校企合作、育训结合的办学格局,北京市商业学校根据当前相关行业发展的实际情况,通过行业、企业、院校,组织相关专家开发了"新媒体直播电商"系列教材。

本书为配套《新媒体直播电商创业实务》教材而开发,通过分布式的任务框架,结合全局的任务实操,使学习者感受新媒体直播电商工作"完整意义上的职业工作整体",并提高学习的目的性、积极性。本书在编写过程中,通过调研电子商务行业、企业对新媒体职业的技能要求,辅以企业运营平台岗位的技能要求,形成了以下鲜明特点。

1. 组织建立理论知识与职业工作平台之间的技能要求联系

本书根据配套理论课程"新媒体直播电商创业实务"教学内容而编写,学习者通过学习本书内容,可以真正将电商平台、新媒体运营工具和方法有机结合起来,深化与巩固理论学习效果与实践任务成果,从而获得对本职业的专业理解。

2. 建立职业技能要求与教学内容的关系

本书通过采集众多企业对新媒体运营相关岗位的聘用要求与技能要求,设计各工作领域的任务目标、任务背景,由单项单人任务剖析任务目标与要求,逐步转化为行业任务目标及要求,实现团队合作分工参与新媒体行业实践操作,让学习者逐渐通过新媒体的工作实训与实操,实现实务与实训教学环节的技能掌握。

3. 案例丰富,聚焦职业关键工作领域

本书借助活页式教材方式,通过多个行业类目案例,利用课件、微课、视频、配套素材文件等资源,将"任务思考""拓展阅读"等内容融合至实训实践教学之中,使学习者的整个行业知识体系更全面、更立体。

4. 强调工学结合的育人机制

本书的实训与实践环节,应用真实线上资源,给予学习者潜移默化的学习体验,通过任务布置,逐渐由理论学习转变为单项职业能力学习与实践,再通过工作任务转变为团队真实工作实践,通过真实企业新媒体运营及直播工作,实现"工学结合"的人才培养机制。

5. 立足实际需求，学训结合

为编写本教材，编者调研了多家新媒体直播运营企业及院校，了解其新媒体运营及教学实践情况，力求使本教材达到一定的社会企业认可度及教学实践水平。《新媒体直播电商创业实务》与《直播电商综合实训》两本教材相辅相成，可以为新媒体相关专业学生及社会相关从业者提供参考。

本书由刘冬美、余涛任主编，王红蕾、谷鹏任副主编，并得到了畅捷通信息技术股份有限公司的大力支持，在此，对众多专家、老师的辛勤工作与帮助，表示衷心的感谢！

由于互联网新媒体运营的内容、工具、方法具有很强的时效性，书中难免会存在不足之处，恳请广大读者批评指正，以使本书日趋完善。

服务邮箱：476771891@qq.com。

编委会
2022 年 12 月

教学资源获取方式

本书可配合云博课堂平台(https://c.seentao.com)使用，教学资源可从云博课堂 PC 端获取，具体应用流程如下图所示。注意：教材封底激活码自激活之日起，有效期 365 天。

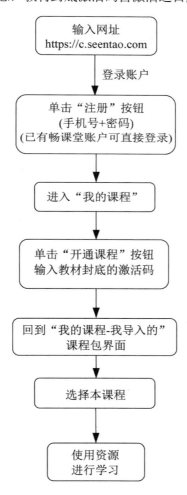

目录

工作领域 1　搭建直播电商管理平台 ... 1
    任务 1.1　登录平台并创建企业账套 ... 2
        任务目标 ... 2
        任务准备 ... 2
        任务操作 ... 2
        任务思考 ... 5
        考核标准 ... 6
        拓展阅读 ... 6
    任务 1.2　平台初始设置 ... 6
        任务目标 ... 6
        任务准备 ... 6
        任务操作 ... 6
        任务思考 ... 14
        考核标准 ... 14
        拓展阅读 ... 15
    任务 1.3　搭建线上店铺及微信小程序店铺 ... 15
        任务目标 ... 15
        任务准备 ... 15
        任务操作 ... 16
        任务思考 ... 37
        考核标准 ... 37
        拓展阅读 ... 37

工作领域 2　店铺业务管理 ... 39
    任务 2.1　销售业务管理 ... 40
        任务目标 ... 40
        任务准备 ... 40
        任务操作 ... 40
        任务思考 ... 45
        考核标准 ... 45
        拓展阅读 ... 45

任务 2.2	库存业务管理	45
	任务目标	45
	任务准备	45
	任务操作	46
	任务思考	46
	考核标准	47
	拓展阅读	47
任务 2.3	采购业务管理	47
	任务目标	47
	任务准备	47
	任务操作	48
	任务思考	50
	考核标准	50
	拓展阅读	50

工作领域 3　店铺运营　51

任务 3.1	商品推广	52
	任务目标	52
	任务准备	52
	任务操作	52
	任务思考	63
	考核标准	63
	拓展阅读	63
任务 3.2	店铺推广	64
	任务目标	64
	任务准备	64
	任务操作	64
	任务思考	65
	考核标准	66
任务 3.3	直播推广	66
	任务目标	66
	任务准备	66
	任务操作	66
	任务思考	82
	考核标准	83
任务 3.4	其他行业直播商品维护	83
	任务目标	83
	任务准备	83
	任务操作	83

目录

    任务思考 ·· 100
    考核标准 ·· 100

工作领域 4 直播带货实战 ··· 101
  任务 4.1 直播选品 ··· 102
    任务目标 ·· 102
    技能要求 ·· 102
    任务分析 ·· 102
    任务准备 ·· 102
    任务操作 ·· 106
    任务思考 ·· 109
    拓展阅读 ·· 109
  任务 4.2 广宣设计 ··· 109
    任务目标 ·· 109
    技能要求 ·· 109
    任务要求 ·· 110
    任务分析 ·· 110
    任务准备 ·· 110
    任务操作 ·· 113
    任务思考 ·· 123
  任务 4.3 私域流量运营 ··· 123
    任务目标 ·· 123
    技能要求 ·· 123
    任务要求 ·· 124
    任务分析 ·· 124
    任务准备 ·· 124
    任务操作 ·· 128
    任务思考 ·· 131
    拓展阅读 ·· 131
  任务 4.4 直播前运营策划 ·· 132
    任务目标 ·· 132
    技能要求 ·· 132
    任务要求 ·· 132
    任务分析 ·· 132
    任务准备 ·· 133
    任务操作 ·· 134
    任务思考 ·· 136
    拓展阅读 ·· 137
  任务 4.5 打造直播间 ·· 137

　　　任务目标 137
　　　技能要求 137
　　　任务要求 137
　　　任务分析 137
　　　任务准备 138
　　　任务操作 140
　　　任务思考 143
　　　拓展阅读 143
任务 4.6　直播带货 143
　　　任务目标 143
　　　技能要求 143
　　　任务要求 144
　　　任务分析 144
　　　任务准备 144
　　　任务操作 145
　　　任务思考 147
　　　拓展阅读 148
任务 4.7　直播配送及售后 148
　　　任务目标 148
　　　任务要求 148
　　　任务分析 148
　　　任务准备 148
　　　任务操作 149
　　　任务思考 150
　　　拓展阅读 150
任务 4.8　饰品类目直播实战 150
　　　任务背景 150
　　　任务目标 151
　　　任务分析 151
　　　任务准备 163
　　　任务评价 163
　　　任务操作 163
　　　任务实践评价 167
任务 4.9　生活洗护品类直播实战 168
　　　任务背景 168
　　　任务目标 168
　　　任务分析 169
　　　任务准备 183
　　　任务实践评价 184

	任务操作	184
	任务实践评价	188

任务 4.10　3C 数码家电品类直播实战 189
　　任务背景 189
　　任务目标 189
　　任务分析 189
　　任务准备 202
　　任务评价 202
　　任务操作 203
　　任务实践评价 206

任务 4.11　运动类目直播实战 207
　　任务背景 207
　　任务目标 208
　　任务分析 208
　　任务准备 224
　　任务评价 225
　　任务操作 225
　　任务实践评价 229

工作领域 5　后端数据管控分析 231

任务 5.1　直播复盘数据分析 232
　　任务背景 232
　　任务目标 232
　　任务分析 232
　　任务准备 243
　　任务评价 243
　　任务操作 244
　　任务实践评价 246

任务 5.2　发货及售后管控 247
　　任务背景 247
　　任务目标 248
　　任务分析 248
　　任务评价 260
　　任务操作 260
　　任务实践评价 263

工作领域 1　搭建直播电商管理平台

思维导图

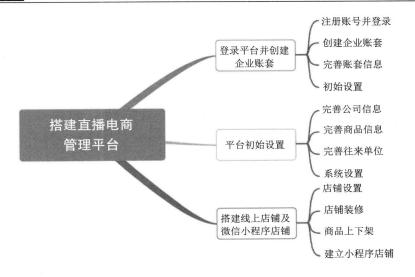

任务目标

(1) 能够完成电商管理平台账号注册。
(2) 能够创建企业账套。
(3) 能够完成平台初始化信息采集及输入。
(4) 能够根据业务设置相关营销选项。
(5) 能够搭建网上店铺,并设置商品配套信息。

任务背景

你是一名电子商务专业学生,毕业后进入北京尚尚电子商务有限公司(以下简称"尚尚公司")从事电子商务运营工作。

因公司业务发展需要,计划通过智慧商业运营平台"好生意",进行新媒体直播销售。接到任务后,你开始学习"好生意"平台的搭建与使用,完成企业运营数据的输入,并根据业务内容完成供应链管理,搭建线上店铺,实现新零售运营。

任务1.1 登录平台并创建企业账套

🔔 任务目标

结合新媒体电商行业有关"智慧商业"的理论知识,在"好生意"平台上创建企业账套,并完成企业基础信息设置。

🔔 任务准备

了解平台:"好生意"平台是用友集团旗下畅捷通信息技术股份有限公司为各品牌的分销商、代理商、经销商打造的一款智能商业平台,通过商品及客户的数据驱动,轻松管商品、管库存、算清账,开启线上卖货新通路,统一管理线上线下多渠道营销,智慧做生意。

开通"好生意"平台:使用手机号注册账号,登录后可首先选择"老板"角色,该角色拥有最高权限。完成设置后,可逐步分配其他账号的角色权限。

🔔 任务操作

1. 注册账号并登录

1) 通过"云博课堂"官网登录实训平台

使用浏览器访问 https://c.seentao.com,进入"云博课堂"官网。使用手机号注册并登录后,单击界面左侧"我的班级"菜单,再单击右上角的"加入班级"按钮,填写老师提供的班级邀请码加入班级,如图 1-1-1 所示。

图1-1-1 填写邀请码加入班级

进入班级后,在"作业测试"栏目,单击如图 1-1-2 所示的按钮,即可进入"好生意"平台。

工作领域1　搭建直播电商管理平台

图1-1-2　"作业测试"栏目

2) 通过"好生意"官网登录实训平台

"云博课堂"账号和密码也可以用于登录"好生意"官网(https://hsy.chanjet.com)。登录后，可单击"免费试用"或"实例演示"按钮，进入平台进行体验，如图1-1-3所示。其中，"实例演示"中已经准备好数据，可以直接操作。

图1-1-3　"好生意"官网

使用账号成功登录后，可单击"进入应用"按钮，进入"好生意"平台，如图1-1-4所示。

图1-1-4　进入"好生意"平台

3

2. 创建企业账套

按图 1-1-5 所示内容，填写企业基础信息(带*项为必填项)，创建企业账套。

账套名称/所属企业：北京尚尚电子商务有限公司。

纳税性质：一般纳税人。

建账期间：2021 年 01 月。

图1-1-5　新增账套

3. 完善账套信息

首次进入账套，需要完善公司信息。

1) 选择公司类型

推荐选择"商贸公司"，如图 1-1-6 所示。

图1-1-6　公司类型

2) 选择公司行业

推荐选择"通用行业"，如图 1-1-7 所示。

您的公司是什么行业？

图1-1-7　行业分类

4. 初始设置

进入"初始设置"界面，设置开账日期为"2021年1月1日"，如图1-1-8所示。"初始设置"界面中的其他设置将在以后的业务中逐渐完善。

图1-1-8　初始设置

🔔 任务思考

通过对"好生意"平台的初步了解，结合新媒体电商行业的理论知识，你觉得平台需要具备哪些功能？

_____
_____
_____

考核标准

1. 账套建立

企业账套的建立,是整个管理平台使用的基础,要求能够准确采集并录入企业账套名称、启用期间、纳税性质等信息。

2. 开账日期设置

理解开账日期设置要求及用途。

拓展阅读

电子商务平台是为企业或个人提供的用于进行网上交易洽谈的平台。电子商务平台可以为企业提供电商服务的门户,实现现实商户到网络商户的转变。

企业建立自己的电子商务平台,不仅是为了交易,更多的是为了有效地在 Internet 上建立安全和易于扩展的业务框架体系,实现企业自己的供应链管理、运营管理、物流管理,以及财务和税务管理。

任务1.2 平台初始设置

任务目标

成功登录平台后,需要录入企业基础信息、存货信息,并根据行业属性设置相关营销选项。

任务准备

进入"好生意"平台的"初始设置"界面,根据流程引导,录入企业部门、员工、权限等信息,完善商品分类、商品明细、库存、往来供应商等资料。

对于营销、销售、库存等功能也需按业务属性进行调整设置。

任务操作

1. 完善公司信息

做实训小组任务时,可在员工列表中添加小组成员信息并赋予对应角色权限。

1)完善"部门/员工"信息

- 执行"新手引导-初始设置-完善公司信息-部门/员工"命令,单击"去维护"按钮,进入"部门员工"界面,如图1-2-1所示。

工作领域1　搭建直播电商管理平台

图1-2-1　部门员工界面

- 单击"全部部门"右侧的"编辑"按钮，进入"部门编辑"界面，可以添加一级部门或下级部门。
- 单击右上角"新增员工"按钮，可以新增员工(带*项为必填项，其中，手机号与邮箱不能同时为空)。

2) 修改"配置权限"

执行"新手引导-初始设置-完善公司信息-配置权限"命令，单击"去维护"按钮，可以对用户进行角色授权，修改对应角色的功能权限，如图1-2-2所示。

图1-2-2　权限设置界面

角色授权说明：平台默认对每个角色预置了权限，若希望调整每个角色的详细授权设置，可在"角色管理"界面，单击某个角色栏目的"编辑"按钮，进入"角色授权"界面，调整功能模块与敏感数据的查看或修改权限，如图1-2-3所示。

图1-2-3 角色授权界面

2. 完善商品信息

1) 添加商品分类

- 执行"新手引导-初始设置-完善商品-商品"命令,单击"去导入"按钮,进入"商品"界面,左侧为商品分类栏目,右侧为商品档案。
- 单击"全部分类"栏目右侧的"编辑"按钮,如图1-2-4所示。

图1-2-4 编辑商品分类

- 新增"0001办公用品"商品分类,然后单击"完成编辑"按钮,退出分类编辑界面,如图1-2-5所示。

图1-2-5 新增商品分类

2) 导入商品

在"商品"界面的右侧,执行"导入-导入商品"命令,选择"新媒体直播实训配套资料(办公用品).zip"中的文件"导入模板-商品信息(办公用品).xlsx",导入商品基本信息,共 15 条数据,如图 1-2-6 所示。

图1-2-6 导入商品

3) 上传商品图片

在"商品"界面,编辑每件商品的"基本信息",上传"商品图片",如图 1-2-7 所示。商品图片或商品视频,用于线上店铺以多媒体形式展现(商品图片文件在实训配套资料文件"新媒体直播实训配套资料(办公用品).zip"中,解压即可获取)。

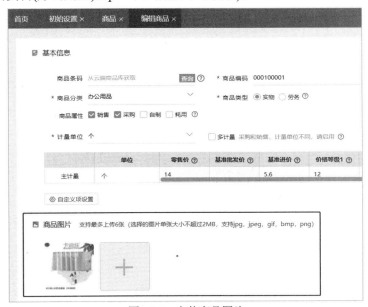

图1-2-7 上传商品图片

4）录入库存期初

执行"新手引导-初始设置-完善商品-库存期初"命令，单击"去导入"按钮。

选择"新媒体直播实训配套资料(办公用品).zip"中的"导入模板-库存期初(办公用品).xlsx"文件完成库存数据的导入，如图 1-2-8 所示。

图1-2-8　导入库存期初

3. 完善往来单位

1）新增往来单位

- 例如：添加供应商。执行"新手引导-初始设置-完善往来-往来单位"命令，单击"去导入"按钮，进入"往来单位"界面，如图1-2-9所示。

图1-2-9　往来单位列表

- 在暂不添加往来单位分类的前提下，根据表1-2-1的内容，新增往来单位，如图1-2-10所示。

表1-2-1　供应商档案表

单位类型	单位编码	单位名称	收款条件	其他信息
供应商	000001	康百文具公司	月结	默认

- 填写完成，单击"保存"按钮。

提示："账期设置"要求以实践当月的真实年月进行设置。

图1-2-10　新增往来单位

2) 修改供应商

因后期商品展示可能会按供应商分类，所以有必要对商品的供应商进行调整。

- 在"商品"界面的右侧，执行"批量操作-批量编辑"命令，如图1-2-11所示。
- 进入"批量编辑(商品)"界面，设置修改项为"主要供应商"，将其修改为"康百文具公司"，如图1-2-12所示。
- 单击"确定"按钮，即可完成所有商品供应商的批量修改，如图1-2-13所示。

图1-2-11　批量编辑

图1-2-12　批量编辑(商品)界面

图1-2-13　完成修改

批量编辑小技巧：如果只需修改部分商品的供应商，则可以先在商品信息列表中，勾选需要编辑的商品，再执行"批量操作-批量编辑"命令进行调整。

4. 系统设置

1) 营销设置

执行"新手引导-初始设置-系统设置-选项设置"命令，单击"去维护"按钮，进入"选项设置"界面，对"营销设置"页签进行调整。

- 将新品标准设置为10天，滞销标准设置为60天，如图1-2-14所示。

- 设置完成后,单击"保存"按钮。

图1-2-14 营销设置

2) 销售设置

进入"选项设置"界面,对"销售设置"页签进行调整。

- 在销售填单审单时,对于"最低售价"与"低于成本"严格管控,当售价低于最低售价或成本时,无法保存,如图1-2-15所示。
- 设置完成后,单击"保存"按钮。

图1-2-15 销售设置

3) 库存设置

进入"选项设置"界面,对"库存设置"页签进行调整。

- 将按"可用量"管控设置为"严格管控,可用量不足时,无法保存",如图1-2-16所示。
- 点选"启用商品属性"选项,管理商品档案;开单时,使用"独立属性"显示相关列,如图1-2-17所示。
- 设置完成后,单击"保存"按钮。

图1-2-16　库存设置1

图1-2-17　库存设置2

4) 通用设置

进入"选项设置"界面,对"通用设置"页签进行调整。

- 将表格字体大小设置为"特大字号",如图1-2-18所示。
- 设置完成后,单击"保存"按钮。

图1-2-18　通用设置

🔔 任务思考

"营销设置"页签中的参数会影响网店的哪些要素？结合本案例中的通用行业，你觉得如何设置参数更利于营销？

_____
_____
_____

🔔 考核标准

1. 完善公司信息

(1) 能正确新增或编辑员工档案。

(2) 能合理设置员工的角色权限。

2. 完善商品信息

(1) 能对商品进行正确分类。

(2) 能正确新增或编辑商品信息。

3. 完善往来

(1) 能对往来单位进行正确分类。
(2) 能正确新增或编辑客户及供应商的信息。

4. 完成选项设置

根据任务要求，合理设置营销、销售、库存、资金、通用等选项的参数。

🔔 拓展阅读

电商平台的初始化，是使用平台之前需要完成的重要工作。在使用平台之前，首先要对企业业务状况进行充分了解，然后设计初始化方案并执行，某些指标参数可能在正式使用后就无法修改了，所以需要综合考虑各方面因素。

例如，对于企业的往来单位，是将客户和供应商分开管理，还是混合管理；企业的客户是批发商还是零售商，或者两者皆有；对于操作权限，是根据部门分配企业人员的权限，还是由各部门主管自行分配；仓库是否按地区分类；企业的销售渠道如何分类。

任务1.3　搭建线上店铺及微信小程序店铺

🔔 任务目标

(1) 通过平台，快速创建线上店铺，装修简版店铺，上架所有办公用品类商品。
(2) 为方便微信端社群用户使用，创建微信小程序店铺，同步上架线上店铺的所有商品。

🔔 任务准备

打开"好生意"平台的"初始设置"界面，进入"营销管理流程"页签，按流程完成相关设置，如图1-3-1所示。

图1-3-1　营销管理流程

任务操作

1. 店铺设置

执行"新手引导-营销管理流程-店铺设置"命令(或通过"营销推广"菜单),进入"旺铺店铺设置"界面。

1) 基础设置

输入以下信息,完成店铺基础信息设置,如图1-3-2所示。

- 旺铺名称:北京尚尚旺铺。
- 联系人:(实训人姓名)。
- 联系电话:13900000000。

图1-3-2 基础设置

2) 业务参数

按图1-3-3所示的内容完成业务参数设置。

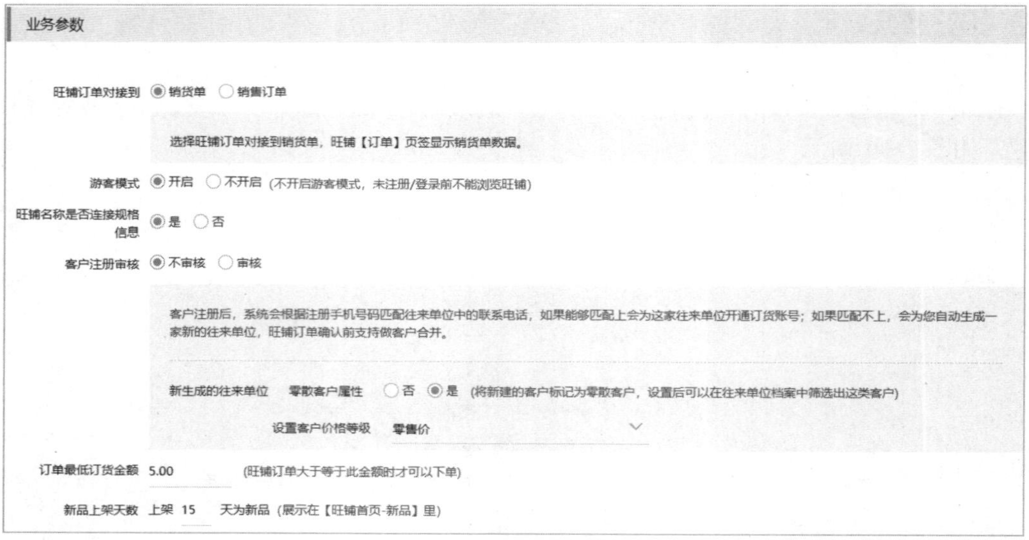

图1-3-3 业务参数

- 将旺铺订单对接到"销货单",满足条件即可直接销售出库。
- "开启"游客模式,未登录前也能浏览旺铺。
- 将客户注册审核设置为"不审核"(注册客户可以自己下单,通过联系电话匹配客户和订货账号)。
- 将订单最低订货金额设置为5元,为全场包邮设置门槛(订单订货金额指实际支付金额)。
- 新品上架15天以内为新品,用以判断哪些商品可自动展示在旺铺首页的新品类别里。

3) 库存设置

按图1-3-4所示内容完成库存设置。

- 公司目前只有一个仓库,所以设置发货仓库为"总仓"。
- 设置可用库存量显示为"模糊库存量"、基准数量为"10",不精确显示库存数量。
- 将可用量≤0、>0及自动上/下架均设置为"开启"状态,降低商品上/下架维护工作量。

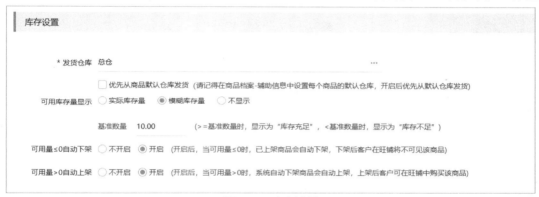

图1-3-4 库存设置

4) 价格设置

按图1-3-5所示内容完成价格设置。

- 调整游客价格显示为"零售价",即当以游客身份进入旺铺时,看到的商品报价为零售价,取值为商品档案中的价格列表。

如图1-3-5 价格设置

5) 支付设置

按图1-3-6所示内容完成支付设置。

- 单击"在线支付"选项后的"开通"按钮,根据实际情况选择在线支付方式。

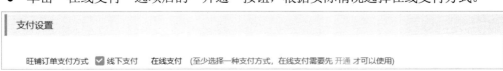

图1-3-6 支付设置

在线支付目前支持三种方式，每种方式都有不同的使用前提和场景，如图 1-3-7 所示。

易宝支付：第三方支付公司，支持网上在线支付、信用卡无卡支付、POS 支付、支付宝/微信支付等，使用电脑开销货单时，开启"现结"收款功能可自动生成收款单。

个人二维码收款：线上店铺是线下商铺在移动设备界面的一种网页延伸，所以店铺的在线支付暂时只支持客户扫码支付，线上店铺可显示店铺收款码。

微信支付：仅支持开通"小程序旺铺"后使用，单击"授权微信支付"按钮后，可根据视频步骤学习开通，如图 1-3-8 所示。

图1-3-7　三种支付方式

图1-3-8　授权微信支付

6) 物流方式

按图 1-3-9 所示内容完成物流方式设置。

- 设置旺铺订单物流方式为"物流"，且"不可选择"送达日期。

图1-3-9 物流方式设置

单击"保存"按钮,完成线上店铺创建,如图1-3-10所示。

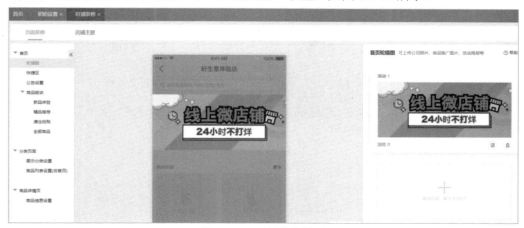

图1-3-10 完成店铺创建

2. 店铺装修

执行"新手引导-营销管理流程-店铺装修"命令(或通过"营销推广"菜单),进入"旺铺装修"界面。分别进行"页面装修"和"店铺主题"设置,如图1-3-11所示。

图1-3-11 旺铺装修界面

1) 页面装修
(1) 设置"首页"各页签内容。
① 轮播图。
- 单击右侧的"添加活动"模块,进入"活动2"编辑界面,如图1-3-12所示。
- 根据店铺商品,设计两张轮播图片并上传(建议图片尺寸为890px×380px)。

- 设计与办公用品相关的广告标题，填入"广告标题"栏(如：办公文具热销季)。
- 注意：因为此时暂未设置旺铺的上架商品，所以只能将链接分类选择设置为"商品标签"或"商品品牌"，待上架商品后，其他标签有具体指向，可调整选择。

② 快捷区。

- 目前公司线上旺铺的商品并不多，因此适合展现简洁风格的快捷键引导区，在右侧的"快捷区设置"界面中，选择单排模板，如图1-3-13所示。
- 选择旺铺首页的快捷功能，并将顺序调整为畅销、新品、我的收藏、最近订购、全部。
- 单击"保存"按钮，保存设置。

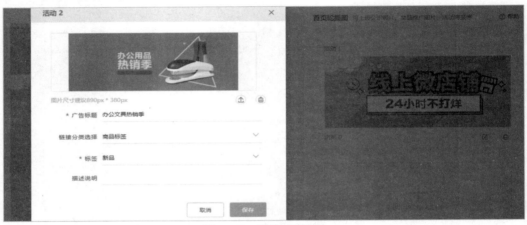

图1-3-12　旺铺活动设置

图1-3-13　旺铺快捷区设置

③ 公告设置。

可新增店铺公告，如发货规则、优惠券使用规则等，如图1-3-14所示。

- "公告类别"用于设置公告分类，包括优惠券活动、市场推广、通知等。
- "通知类型"用于设置被通知的客群，包括客户、游客、某类客户等。
- 试填写表1-3-1，并设置店铺公告。

表1-3-1 公告内容

序号	标题	公告类别	通知类型	公告内容
1	关于发货	通知	客户&游客	所有订单付款后24小时内发货
2	关于优惠	优惠券活动	全部客户	满减优惠券仅用于店内非团购活动的商品
3				
4				

图1-3-14 新增公告

(2) 设置"商品版块"各页签内容。

① 新品体验。

- 启用"新品体验"功能，并按图1-3-15所示内容设置选项。
- 单击"保存"按钮，保存设置。

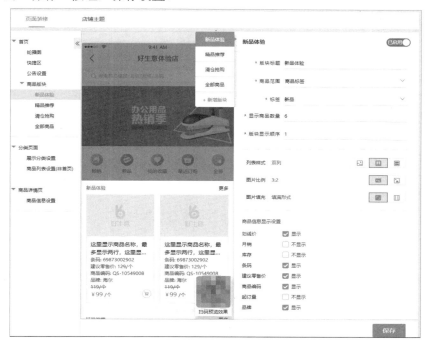

图1-3-15 新品体验

② 精品推荐。
- 启用"精品推荐"功能，并按图1-3-16所示内容设置选项。
- 单击"保存"按钮，保存设置。

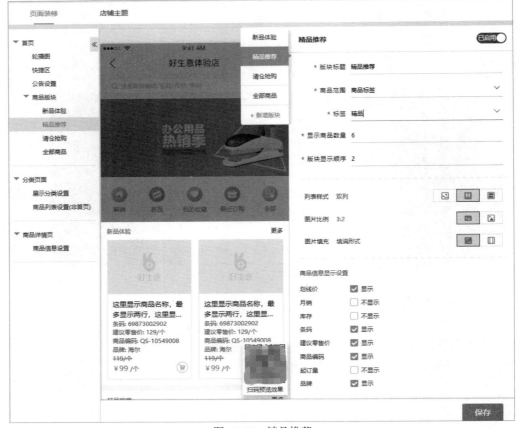

图1-3-16　精品推荐

③ 清仓抢购。

新建店铺，一般不将清仓、特价商品放入店铺销售，所以设置完成后，可暂时停用该功能，留以备用。
- 设置"商品范围"和"标签"后，停用"清仓抢购"功能，如图1-3-17所示。
- 单击"保存"按钮，保存设置。

④ 全部商品。
- 启用"全部商品"功能，并按图1-3-18所示内容设置选项。
- 单击"保存"按钮，保存设置。

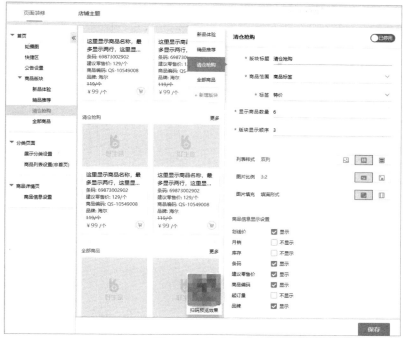

图1-3-17 清仓抢购

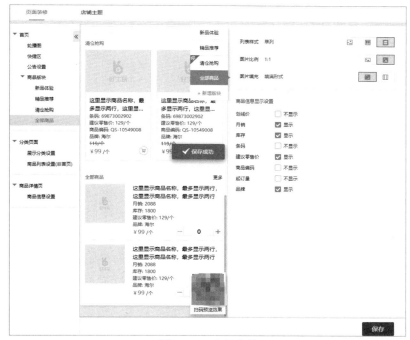

图1-3-18 全部商品

(3) 设置"分类页面"各页签内容。
① 展示分类设置。
可选择旺铺的展示分类样式,如"二级分类-有图"样式,如图1-3-19所示。

- 同步"旺铺展示分类":在"展示分类设置"页签中,单击"同步进销存商品分类"按钮,获取商品分类信息。
- 调整"旺铺展示分类":分类中有"未分类"类别,此类别是用于商品管理的分类,不适合展示在旺铺中,单击"删除"按钮可删除此分类,否则建立小程序店铺时,店铺会被检测出有风险。

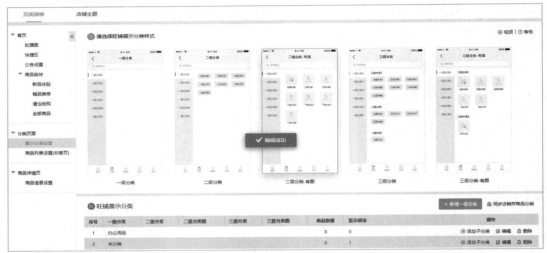

图1-3-19 展示分类设置

② 商品列表设置(非首页)。
- 在"商品列表设置(非首页)"页签中,按图1-3-20所示内容设置选项。
- 单击"保存"按钮,保存设置。

图1-3-20 商品列表设置

(4) 设置"商品详情页"中的页签内容。
- 在"商品信息设置"页签中,按图1-3-21所示内容设置选项。
- 单击"保存"按钮,保存设置。

工作领域1 搭建直播电商管理平台

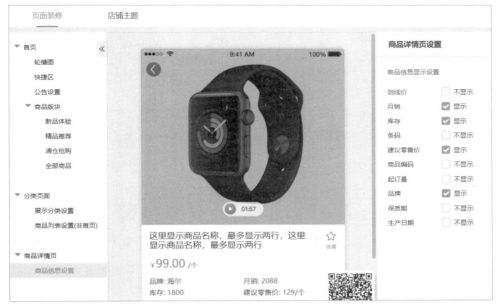

图1-3-21 商品信息设置

2) 店铺主题
- 进入"店铺主题"界面，选择"日用百货"主题模板，如图1-3-22所示。
- 单击"保存"按钮，保存设置。

图1-3-22 店铺主题

3) 高级装修(简介)

相对于简单装修，高级装修可通过"营销推广"菜单下的"首页装修"功能添加各种组件，实现多样化的展示，如图1-3-23所示。

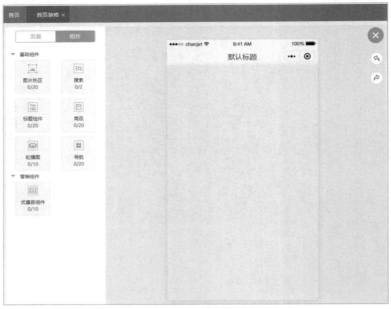

图1-3-23 首页装修

- 高级装修范围：创建多个场景下的商城首页，如节日首页、员工福利首页等，方便快速上线，并通过公众号、微信群、朋友圈分享。
- 包含功能：图片热区组件、搜索组件、商品组件、优惠券组件、促销组件、轮播图组件等。
- 适用企业：对商城样式个性化要求较高或有时间、有能力、有外包预算做复杂装修的企业。
- 高级装修样例，如图1-3-24所示。

图1-3-24 高级装修样例

3. 商品上下架

1) 添加"待上架商品"
- 执行"新手引导-营销管理流程-商品上下架"命令(或通过"营销推广"菜单),进入"商品上下架"界面,如图1-3-25所示。
- 单击"选择商品"按钮,在商品信息界面勾选全部商品,如图1-3-26所示。
- 单击"确定"按钮,完成"待上架商品"选择。

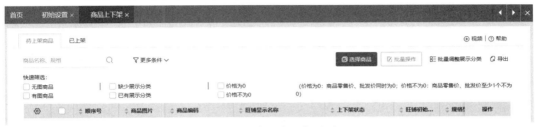

图1-3-25　商品上下架界面

图1-3-26　选择上架商品

2) 设置"待上架商品"展示顺序
- 将"学生套装1"的顺序号改为10001;将"学生套装2"的顺序号改为10002;将"男士商务套装"的顺序号改为10003;将"女士商务套装"的顺序号改为10004,以使其在展示时排列在最后,如图1-3-27所示。

图1-3-27 设置商品展示顺序

3) 上架商品

- 全选"待上架商品",执行"批量操作-批量上架"命令,即可上架所有商品,商品将出现在"已上架"页签中,如图1-3-28所示。

图1-3-28 上架商品

4. 建立小程序店铺

1) 建立微信小程序店铺

公司在"好生意"平台上建立的线上店铺"北京尚尚旺铺",需要通过链接传播,不便进行线下拉新推广及老客户回访(线下新客户无法通过快速传播的链接进入旺铺,老客户容易丢失链接无法回到旺铺),所以尚尚公司需要建立"微信小程序店铺",方便扫码传播及收藏店铺。

执行"新手引导-营销管理流程-建立小程序店铺"命令(或通过"营销推广"菜单),进入"建立小程序店铺"界面。建立"微信小程序店铺"有以下两种方法。

方法一：已经拥有微信小程序，可单击"授权微信小程序"按钮，授权绑定小程序，如图1-3-29 所示。以小程序管理员身份扫码确认，即可将店铺与小程序关联。授权绑定小程序后，出现的店铺小程序二维码可用于分享，如图1-3-30 所示。

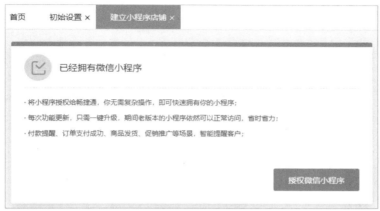

图1-3-29　授权微信小程序

图1-3-30　小程序版本信息

方法二：若企业还没有开通过微信小程序，可单击"官方注册小程序"按钮(见图1-3-31)，跳转到"微信公众平台"官网，申请注册小程序，然后授权给旺铺。

具体操作步骤如下。

- 以公司微信公众号/服务号管理员身份登录微信公众平台(网址：https://mp.weixin.qq.com)，在"小程序管理"界面注册并认证小程序，如图1-3-32所示。

图1-3-31　注册小程序

图1-3-32　通过公众号快速注册并认证小程序

- 使用个人信息注册成为小程序管理员(可与公众号/服务号管理员为同一人，也可不同)，接收并输入短信验证码，微信扫码确认身份后，单击"下一步"按钮，如图1-3-33所示。

图1-3-33　绑定小程序管理员

- 进入"基本信息"界面，查看或修改小程序信息，如图1-3-34所示。
至少修改以下项目：小程序名称、小程序简称、小程序头像、服务类目。

图1-3-34 小程序基本信息

- "服务类目"可根据企业经营项目进行选择，不同类目可能需要提交不同的行业准入资质。根据实训要求，依次添加如图1-3-35所示的类目。

图1-3-35 服务类目

- 开通小程序后，公众号管理界面就会出现小程序栏目，显示与公众号"已关联"，如图1-3-36所示。

图1-3-36 小程序关联管理

- 单击小程序栏目后，进入"小程序详情"界面。其中"微信认证"随同主体公众号信息显示为"已开通"，"微信支付"需要另行开通，如图1-3-37所示。

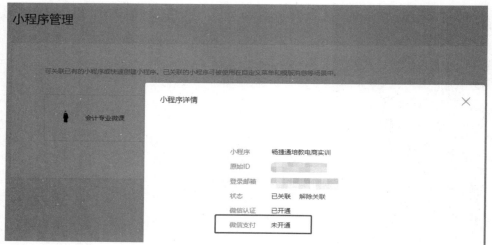

图1-3-37　小程序详情

- 重新进入微信公众平台，以小程序管理员身份扫码登录小程序，单击"微信支付"菜单，进入"微信支付关联商户号"界面，如图1-3-38所示。

图1-3-38　微信支付关联商户号

- 企业公众号已经开通"微信支付"功能，因此只需要将小程序与同一主体的"商户号"进行关联即可，单击"关联更多商户号"按钮，查看AppID(小程序ID)信息并复制，如图1-3-39所示。

图1-3-39　小程序账号信息

- 以公司微信支付管理员身份登录微信支付官网(网址：http://pay.weixin.qq.com)，进入"AppID账号管理"菜单下的"新增授权"界面，粘贴小程序AppID信息，并勾选授权协议，单击"提交"按钮，如图1-3-40所示。

图1-3-40　授权微信支付

- 回到小程序管理界面，在"微信支付"菜单的"待关联商户号"栏目右侧，单击"确认"按钮，即可关联微信支付商户号，如图1-3-41所示。

图1-3-41　确认关联商户号

- 查看商户号信息，勾选授权协议，单击"授权"按钮，即可与微信支付商户号建立授权绑定关系，如图1-3-42所示。

图1-3-42 建立授权绑定关系

- 在"接入微信支付"页签中,微信支付状态显示为"已申请"即可,如图1-3-43所示。

图1-3-43 接入微信支付

- 回到"好生意"平台,进入"建立小程序店铺"界面,单击"授权微信小程序"按钮,以小程序管理员身份扫码确认后,即可建立小程序店铺,出现的店铺小程序二维码可用于分享(此时小程序版本号可能不是最新的,无法添加直播插件,因此需要更新版本信息,提交微信审核,审核通过后,再从小程序管理员界面重新发布一次小程序,重新授权"好生意")。

2) 小程序基础设置

- 在"小程序基础设置"界面,可以对微信小程序"重新授权""解除授权"或"查看权限",如图1-3-44所示。当小程序出现错误提示时,重新发布小程序并重新授权,即可解决问题。

图1-3-44　小程序基础设置界面

3) 小程序支付设置

- 在"小程序支付设置"界面中,单击"授权微信支付"按钮(见图1-3-45),即可打开微信支付授权相关选项。

图1-3-45　小程序店铺支付设置

- 单击"微信授权"模块下方的"授权微信支付"按钮(见图1-3-46),即可进入"微信支付授权"界面。

图1-3-46　支付方式选择

- 填写授权微信信息(各信息均有获取引导，可单击帮助链接查看)，即可完成微信支付绑定，如图1-3-47所示。

AppSecret：小程序管理员可获取(开发管理-开发设置-AppSecret)。

商户号：小程序管理员可获取(微信支付-商户号)。

API 密钥：微信支付管理员可获取(账户设置-API 安全)。

图1-3-47　授权微信信息

- 微信小程序成功关联微信支付后，可授权绑定给"好生意"账套，如图1-3-48所示。"好生意"创建的新的结算方式"微信在线支付"，为"好生意"收款单中结算方式栏目的新选项。

图1-3-48　完成微信支付授权

任务思考

"线上店铺"与"微信小程序店铺"有何区别？分别适用哪些推广场景？

_____
_____
_____

考核标准

(1) 能顺利创建线上店铺，并生成店铺网址。
(2) 掌握线上店铺的装修方法。
(3) 能迅速导入商品信息，并上架商品至线上店铺。

拓展阅读

由于搭建线上店铺的成本越来越低，各企业都纷纷创建了自己的线上店铺，慢慢地，企业开始意识到线上客户服务体系搭建的重要性，但各企业商户的技能水平不同，有的商户能够顺利搭建一个既吸引人又有品牌特色的店铺，有的商户却不知道如何完成店铺的基本搭建，甚至搭建后不时会出现各种问题，影响客户体验。

搭建线上店铺，各平台一般都会给出以下三种方式。

1. 主题模板

根据不同行业的特色与需求，预制好符合用户体验的店铺模板，提前设计各业务环节链条，直接提供各项数据(但商品信息和活动信息需要手动增加)。使用模板后，支持自由调整某些设置，新手也能快速创建店铺。

2. 自主设计

平台提供搭建线上店铺所需的各种功能组件，企业商家根据需要将其自由添加至线上店铺页面，即可完成店铺装修。

自主设计的优点是门槛不高，可以随心所欲地使用功能组件搭建店铺；缺点是若企业自身品牌定位不明确、功能需求不清晰，那么随意添加功能组件会使线上店铺处于不伦不类的展示状态，影响客户体验感。

3. 品牌定制设计

商家可根据自己的定位和定制需求，委托平台服务商的专业设计团队，做出符合品牌定位的店铺。通过对各类版面的图片、热点区域进行设置，形成更强的视觉冲击，打造商品营销展示界面，吸引客户并使其长时间停留。

工作领域 2　店铺业务管理

思维导图

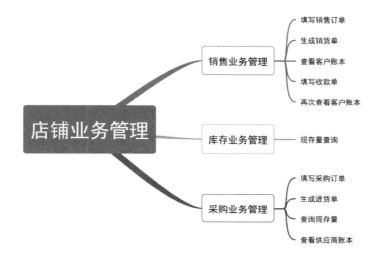

任务目标

(1) 能够理解店铺采购、销售业务与供应链平台的数据关系。
(2) 能够根据日常销售业务，学会操作平台中"销售管理"模块的业务处理流程。
(3) 能够根据日常采购业务，学会操作平台中"采购管理"模块的业务处理流程。
(4) 能够根据"库存核算"模块查询商品现存量，并给出采购建议。

任务背景

尚尚公司在日常经营中，仍然保留了通过传统渠道采购或批发销售的业务，请通过"好生意"平台进行购销业务的核算(具体业务月份，以当前实际月份为准)。

任务2.1　销售业务管理

🔔 任务目标

本月6日，尚尚公司与醉花荫公司签订销售合同，以一级批发价销售100盒"巨能写笔"，约定当天发出货物，并现金收款。

请根据销售业务，填写销售管理流程单据。

🔔 任务准备

"好生意"作为一款智能商业运营平台，也支持传统进销存业务的基础管理。

销售订单是企业为销售货物或劳务，与客户之间签订的单据，主要内容包括货物名称、销售数量、收货方、送货时间、送货地点、运输方式、价格、收款方式等。它可以是企业销售合同中关于货物的明细内容，也可以是一种订货的协议。

销货单是实现销售业务的确认单据，根据销货的实际情况可以确定同客户之间的应收关系，是应收款立账的依据。当业务与仓库合并时，也是出库确认的单据。按业务类型划分可以分为普通销售和销售退货，可以处理普通销售销货的业务，也可以处理因为损坏、积压、换货等因素而产生的退货业务。

单据审核，根据企业内部的管理要求，按照业务模块设置每张单据是否需要人工审核，进入审核环节，必须由有审核权限的人审核后单据才能进入下一流程。

收款单用于接收或退回往来单位的款项，单据类型包括收款单和退款单。业务类型包括应收款、预收款、直接收款。

客户账本用于查询客户截止到当前时点的欠款金额，可查询欠款的客户总数量和欠款总金额。单击客户欠款总金额可联查该客户的往来单据明细。

销售管理流程，如图2-1-1所示。

图2-1-1　销售管理流程

🔔 任务操作

1. 填写销售订单

- 执行"新手引导-销售管理流程-销售订单"命令(或通过"销售管理"菜单)，进入"销售订单"界面。

- 在"销售订单"界面,单击"客户"栏右侧的按钮☐,可新增往来单位"醉花荫公司"(只需填写名称),如图2-1-2所示。

图2-1-2 新增往来单位

- 根据业务信息,填写"销售订单"并保存(注意商品数量及合同中注明的成交单价),如图2-1-3所示。

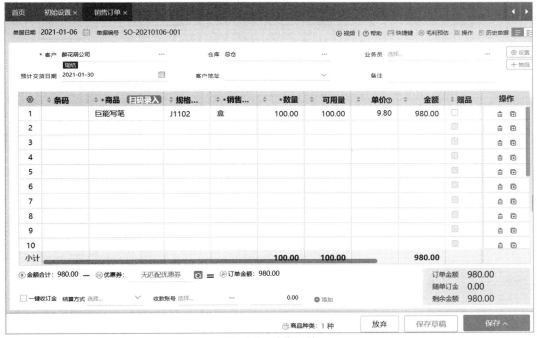

图2-1-3 销售订单

2. 生成销货单

- 查看已经保存的"销售订单",单击"生成"按钮,选择生成"销货单",如图2-1-4所示。

图2-1-4 生成销货单

- 保存"销货单",如图2-1-5所示。因未设置商品成本金额,所以会有跟踪预警,忽略并继续保存即可。

图2-1-5 保存销货单

3. 查看客户账本

- 执行"新手引导-销售流程管理-客户账本"命令(或通过"资金管理"菜单),进入"客户账本"界面。
- 查询出此时"客户账本"中的总欠款客户为1家,欠款合计980元(欠款数四舍五入显示为0.10万元),如图2-1-6所示。

工作领域 2　店铺业务管理

图 2-1-6　查看客户账本

4. 填写收款单

本业务已现金收款，可直接填制收款单，并核销业务单据。

- 执行"新手引导-销售流程管理-收款单"命令，进入"收款单"界面。
- 第一次操作需确认单据勾账方式。本公司一般以业务单据为准核销收付款单据，所以保持默认的"按单据核销"方式，如图 2-1-7 所示。
- 单击"确定"按钮，保存勾账方式设置。

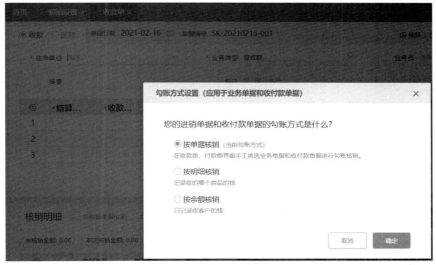

图 2-1-7　勾账方式设置

进入"查看收款单"界面，按以下步骤操作。

- 选择往来单位为"醉花荫公司"。
- 根据业务要求，选择结算方式为"现金"；填入收款金额为"980.00"。
- 在"核销明细"模块，单击"查询"按钮，查询出 1 笔待核销单据，为刚刚保存生成的"销货单"，待核销金额为 980 元，勾选该"销货单"，如图 2-1-8 所示。
- 单击"保存"按钮后，右上角单据状态显示为"已核销、已生效"，如图 2-1-9 所示。

图2-1-8 查询核销明细

图2-1-9 查看收款单

5. 再次查看客户账本

完成业务单据欠款核销,此时"客户账本"的总欠款客户与欠款合计均为0,如图2-1-10所示。

图2-1-10 再次查看客户账本

任务思考

"销售订单"与"销货单"之间的区别与联系有哪些？传统销售业务中，什么单据会影响库存量？

_____

_____

_____

考核标准

(1) 通过业务判断销售订单、销货单的使用。
(2) 通过销售订单查询订单状态。
(3) 理解影响库存数据的单据种类。

拓展阅读

在传统企业管理中，供应链管理的采购、生产、销售环节是相对独立的，企业通常通过增加库存来预防市场需求突然增大的不确定性。但库存过剩可能会导致滞销，也会增加管理成本。

因此，在激烈的市场竞争中，为了缩短原材料从供应到销售的时间、减少库存成本，并对消费者的需求快速做出反应，形成了以供应商、生产商、批发商和零售商为整体进行规划和控制的管理方式，这属于企业外部的供应链管理。各家厂商达成联盟和战略合作，努力提高本企业的竞争能力，使供应链上的所有企业都能受益。

当前的"智能供应链"可以通过销售需求信息，精准地判断如何采购原材料或商品、判断出货时间，满足销售订单的时效性需求，尽可能做到"少库存"甚至"零库存"。

任务2.2　库存业务管理

任务目标

查询公司当前的商品库存情况，并根据库存情况判断是否需要补充库存。

任务准备

现存量报表用于查询商品在各仓库的实际结存量。企业既可以从商品维度查看总结存量，也可以查询详细的结存量(即包括仓库、商品、属性、批号等在内的结存量)，查询数据为实时数据。现存量报表是用户经常使用的报表之一。

🔔 任务操作

- 执行"新手引导-库存核算流程-库存状况表"命令(或通过"库存核算"菜单中的"库存账表"),进入"现存量查询"界面,如图2-2-1所示。

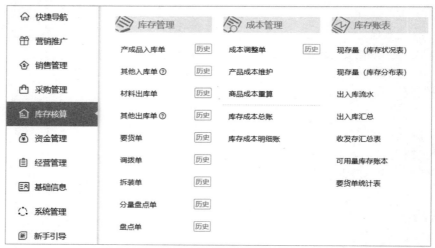

图2-2-1 库存核算菜单

- 在"现存量查询"界面中,单击"查询"按钮,可查看商品库存量,如图2-2-2所示,"巨能写笔"的现存量为0。

图2-2-2 现存量查询

🔔 任务思考

在只有一个仓库的情况下,查询现存量的"库存状况表"与"库存分布表",两者是否有区别?

_____
_____
_____

🔔 考核标准

(1) 通过"库存核算"菜单中的"库存账表"查询库存结果。
(2) 掌握"现存量"的含义。
(3) 掌握现存量"库存状况表"与"库存分布表"的差异。

🔔 拓展阅读

现存量是指某个时间地点存在于仓库内的货物数量。

可用量是指在一定时间内可动用的数量,可用量=现存量+预计入库量－预计出库量。

预计入库量是指在一定时间内即将入库的数量,包括采购在途量,进货待入量,产成品待入量,调拨在途量,要货在途量,其他在途量。

预计出库量是指销售或调拨业务已发生,实物还未出库,但在可预见的未来将要出库的数量,其包括订单占用量,销售待发量,材料待发量,调拨待发量,要货待发量,其他待发量。

任务2.3　采购业务管理

🔔 任务目标

本月 8 日,尚尚公司根据库存情况,决定向供应商"康百文具"公司以基准进价 9.0 元采购 100 盒"巨能写笔",并于本月 10 日收货入库。

请根据采购业务,填写采购管理流程单据。

🔔 任务准备

采购订单是指企业采购部门在选定供应商之后,向供应商发出的订货单据。采购订单不影响实际库存。

进货单,当按照订货单据采购的货物到达仓库后,可由采购订单生成进货单,根据实际到货数量修改进货单数量,进货单保存或审核后,库存会增加。

付款单用于记录支付给往来单位的款项和支付后退回的款项,单据类型包括付款单和退款单。支付的款项包括向供应商支付的货款、提前预付的货款,以及其他费用支出,系统用业务类型来区别不同的用途,包括应付款、预付款、直接付款。

供应商账本用于查询未付款给供应商的金额,其中包括应付供应商总数量和应付总金额。

采购管理流程，如图 2-3-1 所示。

图2-3-1 采购流程管理

🔔 任务操作

1. 填写采购订单

- 执行"新手引导-采购管理流程-采购订单"命令，进入"采购订单"界面。
- 单击"供应商"栏右侧的按钮 ⋯ ，可新增供应商"康百文具公司"。
- 根据业务信息，填写"采购订单"并保存，如图2-3-2所示。

图2-3-2 采购订单

2. 生成进货单

- 选择"仓库"为总仓，单击"生成"按钮，选择生成"进货单"，如图2-3-2所示。

图2-3-3 生成进货单

3. 查询现存量

- 在"现存量"界面可查询商品的现存量,"巨能写笔"已完成入库,现存量为100盒,如图2-3-4所示。

图2-3-4 查询现存量

4. 查看供应商账本

- 查看"供应商账本",确认欠款金额,结算方式为月结,暂不付款,如图2-3-5所示。

图2-3-5　供应商账本

🔔 任务思考

"进货单"的商品进货价格如何取数？进价的设置是否有规律？

_____

_____

_____

🔔 考核标准

(1) 通过业务判断采购订单、进货单的使用。

(2) 通过采购订单查询订单状态。

(3) 理解影响库存数据的单据种类。

🔔 拓展阅读

有些企业不会提前采购货物存放在仓库里，而是当有销售订单时，根据销售订单的数量来制订采购计划，当采购货物入库后再发给客户，"以销定采"可以帮助企业降低库存维护成本。

工作领域3 店铺运营

思维导图

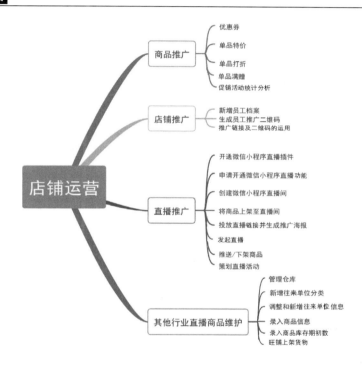

任务目标

(1) 能够根据商品属性,制定推广策划方案,制定内容运营排期表。
(2) 能够根据行业特点、舆情热点或重大节日话题,高效完成排期表文案策划。
(3) 能够基于活动运营策划,通过运营平台设置并发布活动。
(4) 能够通过平台定位和分发机制,精准定位分发客群。
(5) 能够利用平台获取活动相应反馈数据,分析活动效果,思考后续活动计划。

任务背景

尚尚公司搭建线上店铺并上线商品后,希望通过一些基础运营活动,引流线下客户成为第一批线上新客户。

任务3.1　商品推广

任务目标

尚尚公司希望借助线上旺铺平台，促进商品销售，通过营销推广活动，激发买家购买欲望。请你根据近期节日安排，设计商品的优惠券促销、单品特价、打折、满赠等营销活动。

任务准备

(1) 根据不同的对象设计不同类别的优惠券(如全场通用优惠券、旺铺新客户福利)。
(2) 根据商品的价格区间、利润、客单价、近期成交数，设置优惠券面额和门槛。
(3) 单品特价/打折/满赠活动中，不可有重复的商品。
(4) 已经发布的活动项目，不可再编辑或删除。

任务操作

1. 优惠券

1) 制定优惠券使用规则

根据优惠券类型，制定优惠券的使用规则，填写表3-1-1。

表3-1-1　优惠券使用规则表

优惠券类型	优惠券使用规则	适用范围
全场通用优惠券		
旺铺新客优惠券		

2) 设置优惠券

依据所制定的优惠券使用规则，按以下步骤设置优惠券(以下截图为举例操作)。

- 执行"营销推广-促销中心-优惠券"命令，进入"优惠券列表"界面。
- 单击右上角"新增优惠券"按钮，新增"全场通用优惠券"和"旺铺新客户福利"，如图3-1-1所示。
- 新增两种"全场通用优惠券"：满20减3、满50减10。有效期为实训期间。

技巧：设置同类型优惠券时，可选择已有优惠券的"复制"功能，修改选项后，高效生成优惠券(注意调整优惠券的样式)，如图 3-1-2 至图 3-1-4 所示。

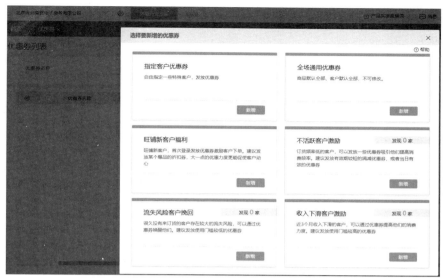

图3-1-1 新增优惠券

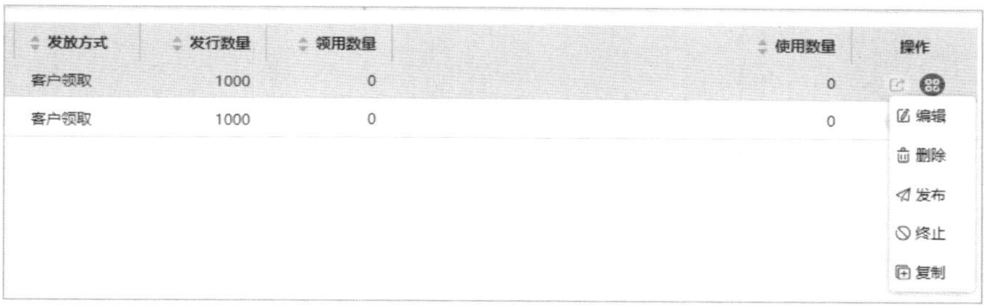

图3-1-2 优惠券操作

图3-1-3 复制优惠券并修改1

图3-1-4　复制优惠券并修改2

- 新增"旺铺新客户福利"：无门槛5元券。不设置结束日期，其余信息按图3-1-5所示内容进行设置。

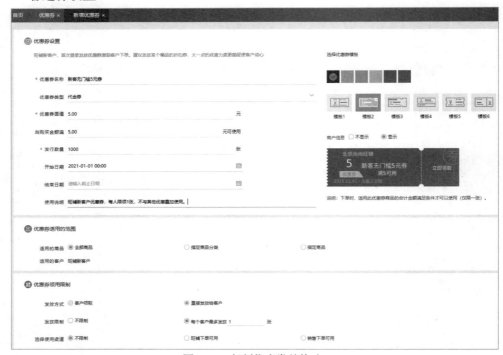

图3-1-5　复制优惠券并修改3

3) 发布优惠券
- 返回"优惠券列表"界面，对优惠券信息进行逐一检查后，单击各行次右侧的"发布"按钮，发布优惠券。刷新界面，优惠券状态显示为"执行中"，如图3-1-6所示。

图3-1-6　发布优惠券

2. 单品特价

结合舆情热点或节日话题，策划单品特价活动，引流新客户并带动非特价商品销售。

1) 选择特价商品并制定活动规则

在办公用品中，筛选"销量较好(新店可参考同行店铺)"与"利润较高"的商品，做单品特价运营，凸显性价比。

运营目标：引流新客户、提高留存率。

根据运营目标制定本次营销活动的促销规则，填写表 3-1-2。

表3-1-2　特价促销规则表

选品	促销规则	活动范围

2) 设置特价单品

依据所制定的促销规则，按以下步骤设置特价单品(以下截图为举例操作)。

- 执行"营销推广-促销中心-单品特价"命令，进入"单品特价"界面，如图3-1-7所示。

图3-1-7　单品特价界面

- 单击右上角"新增单品特价"按钮，填写相应活动信息，"开始时间"为必填项，可设置为当前实际日期的次日，如图3-1-8所示。

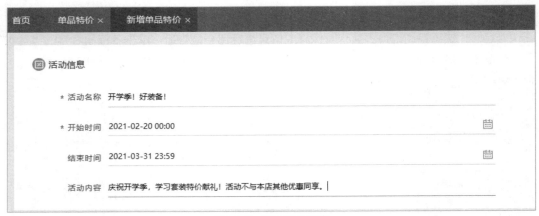

图3-1-8　填写活动信息

- 单击"促销规则"模块中的"添加指定商品"按钮(见图3-1-9),选择"学生套装1"和"学生套装2",将本次促销数量均设置为20,如图3-1-10所示。勾选"优惠券"复选框,表示不能同时使用优惠券。

图3-1-9　促销规则设置

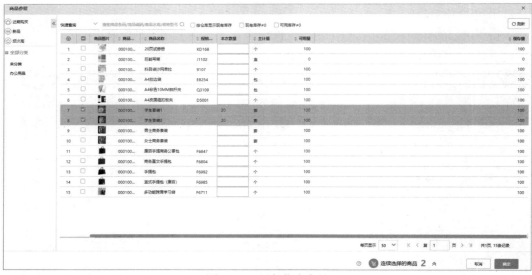

图3-1-10　添加指定商品

- 根据零售价，调整促销单品的"特价"分别为22元和32元，如图3-1-11所示。

图3-1-11 调整特价

- 在"活动范围"模块中可设置"适用客户"和"使用渠道"，保持默认选项即可，如图3-1-12所示。

图3-1-12 活动范围设置

- 单击"保存"按钮，使活动处于"待发布"状态，如图3-1-13和图3-1-14所示。

图3-1-13 保存

图3-1-14 待发布活动

3）发布单品特价

- 返回"单品特价"界面，单击活动行次右侧的"发布"按钮，发布本活动。若尚未到设置的开始时间，活动状态自动显示为"待执行"，如图3-1-15所示。

图3-1-15　待执行活动

3. 单品打折

"单品打折"的操作与"单品特价"类似。主要差异为选中指定商品后,需设置"折扣规则",即购买满多少数量打几折。可设置多个折扣规则区间,如图3-1-16所示。

图3-1-16　单品打折设置

4. 单品满赠

1) 新增满赠活动

(1) 根据表3-1-3,新增第一项满赠活动。

表3-1-3　满赠促销规则表

选品	满赠规则	活动范围
科目袋,按购买数量满赠	即日起截至次月末,科目袋买3赠1,买5赠2,可与优惠券同时使用	全客户、全渠道

- 执行"营销推广-促销中心-单品满赠"命令,进入"单品满赠"界面,如图3-1-17所示。

图3-1-17 单品满赠界面

- 单击右上角"新增单品满赠"按钮,填写相应活动信息,依然可将"开始时间"设置为当前日期的次日,"结束时间"设置为实训结束日期,如图3-1-18所示。

图3-1-18 填写活动信息

- 单击"促销规则"模块中的"添加指定商品"按钮,勾选商品并设置本次促销数量,如图3-1-19所示。

图3-1-19 选择商品

- 设置满赠规则为"按购买数量",促销方式为"阶梯满赠",赠品规则为"赠送原品",添加两项规则区间,并允许叠加使用优惠券,如图3-1-20所示。

图3-1-20 促销规则设置

- 设置活动范围,如图3-1-21所示。单击"保存"按钮,保存第一项满赠促销活动。

图3-1-21 活动范围设置

(2) 根据表3-1-4,新增第二项满赠活动。

表3-1-4 满赠促销规则表

选品	满赠规则	活动范围
巨能写笔,按购买金额满赠	即日起截至次月末,购买指定商品(巨能写笔/A4拉边袋/20页试卷册/A4彩色抽杆夹/A4皮面磁扣板夹)满100元,赠巨能写笔1盒,可与优惠券同时使用	全客户、全渠道

- 单击"单品满赠"界面右上角的"新增单品满赠"按钮,填写相应活动信息,如图3-1-22所示。

图3-1-22 填写活动信息

- 设置满赠规则为"按购买金额",促销方式为"循环满赠",赠品规则为"指定赠品",并允许叠加使用优惠券,如图3-1-23所示。

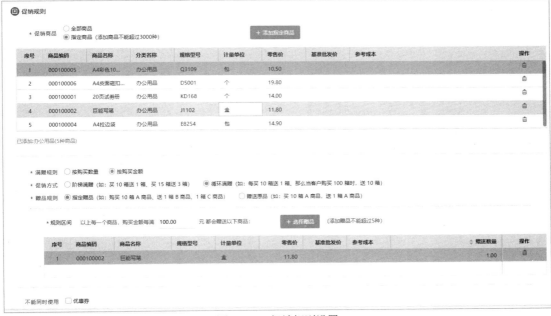

图3-1-23　促销规则设置

- 设置活动范围,如图3-1-24所示。单击"保存"按钮,保存该活动。

图3-1-24　活动范围设置

2) 发布

- 返回"单品满赠"界面,单击活动行次右侧的"发布"按钮,发布本活动。若尚未到设置的开始时间,活动状态显示为"待执行",如图3-1-25所示。

图3-1-25　待执行活动

5. 促销活动统计分析

依据促销活动，可查询促销数据，并进行统计分析。

- 以优惠券统计分析为例，进入"优惠券列表"界面，如图3-1-26所示。

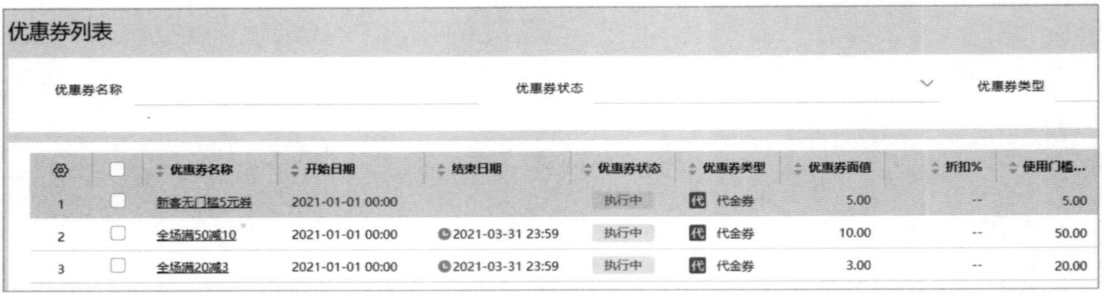

图3-1-26　优惠券列表

- 单击各行次活动名称，即可查看优惠券，如图3-1-27所示。

图3-1-27　查看优惠券

- 单击右上角"查看详细统计"按钮，进入"优惠券详情页"界面，可查看并分析活动详细资料数据，如图3-1-28所示。

图3-1-28　优惠券详情页

任务思考

设计一个商品推广的活动方案,至少需要考虑哪些要素?

_____
_____
_____

考核标准

(1) 掌握"好生意"平台优惠券、单品特价、单品打折、单品满赠的营销推广方式。
(2) 明确各类营销推广方式的客户对象。
(3) 掌握各类营销方式对某个(某类)商品进行推广的设置方法。
(4) 掌握各活动推广方案的进展并进行效果统计。

拓展阅读

进入互联网时代,企业纷纷借助网络平台提升品牌形象,进行产品营销和品牌运营。利用新媒体平台的功能、特性,精心策划具有高度传播性的内容和线上活动,通过向用户广泛、精准地推送消息,以提高品牌(或商品)知名度和用户参与度,从而达到相应的营销目的,就是新媒体营销。

运用新媒体营销推广有以下优势。

- 新媒体营销使用户可以参与其中。
- 新媒体营销降低了企业的营销成本。
- 新媒体营销为广告创意提供了空间。
- 新媒体营销能让用户帮助企业创造产品。
- 新媒体营销可以使企业更加准确地梳理用户定位。
- 新媒体营销为企业提供了巨大的营销数据库。

新媒体营销目前有以下几种形式。

- 微信营销,以个人微信或企业微信为平台,进行私域信息推广。
- 微博营销,以个人微博或企业微博为平台,进行公域信息的传递和互动等。
- 社群营销就是利用网络服务平台,聚集相同兴趣爱好的用户群体,满足目标用户群体需求的社会化营销。
- 网络视频营销是指企业或个人以内容为中心,以创意为向导,利用策划的视频内容实现产品销售或品牌传播的营销活动。
- 自媒体营销就是利用社会化网络、博客、百科或其他互联网协作平台和媒体来发布和传播资讯,从而形成的营销、销售、公共关系处理和客户关系维护及开拓的营销方式。
- 娱乐媒体平台营销是指个人或企业通过直播平台、微电影、网络音频,以文字、图片、语音、视频等多种表现形式,与特定目标群体产生沟通的线上、线下互动方式。

任务3.2　店铺推广

🔔 任务目标

尚尚公司聘请了一名销售人员，员工信息如表 3-2-1 所示。请你为其创建员工档案，并生成该员工的店铺推广二维码，方便该员工推广旺铺，维系其线下客户关系。

表3-2-1　员工信息表

姓名	登录账号	部门	部门负责人
张彦	邮箱：zy@123.com	总部	否

🔔 任务准备

（1）为新员工新建员工档案。
（2）生成员工推广二维码用于推广线上旺铺。
（3）商家可以设置员工和客户的绑定关系，当客户通过其他业务员分享的商品链接下单时，业绩归所属业务员或商品分享推广人。

🔔 任务操作

1. 新增员工档案

- 执行"基础信息-基本信息-部门员工"命令，进入"部门员工"界面，单击右上角"新增员工"按钮，按任务要求新建员工档案，如图3-2-1所示。

图3-2-1　新建员工档案

2. 生成员工推广二维码

- 执行"营销推广-营销推广-员工推广二维码"命令，找到员工"张彦"行次，单击"生成二维码"按钮，如图3-2-2和图3-2-3所示。

图3-2-2　生成二维码

图3-2-3　成功生成二维码

3. 推广链接及二维码的运用

- 短网址：可用于移动端推广，可以添加为公众号等社交平台的超链接，也可直接发送给客户。
- 二维码：可用于移动端推广，可以以图片形式发送给客户，客户扫码识别后即可打开旺铺，也可以印刷在名片或工牌等区域，应用于客户使用移动端扫码登录公司旺铺的场景。
- 使用移动端登录后，在平台"消息"栏会弹出客户基础信息，方便业务员即时跟进客户，告知店铺优惠，发放优惠券等，如图3-2-4所示。

图3-2-4　消息通知界面

🔔 任务思考

如何设计线下推广人员的工牌更有利于推广店铺？将店铺二维码设置在哪些地方更有利于引流客户进入线上店铺？

_____

_____

_____

考核标准

(1) 理解线上店铺推广与线下店铺推广的异同。
(2) 明确线下店铺推广的对象和渠道。
(3) 明确线下店铺推广的目的。
(4) 掌握员工推广线上店铺的操作方法。

任务3.3　直播推广

任务目标

尚尚公司希望借助直播平台，以客户接受度较高的直播带货形式，进行直播互动，结合店铺优惠活动，推广线上店铺及产品。请你为其开通直播功能并添加商品。

对于直播平台的选择，考虑到公司并没有前期积累的私域用户，所以使用大众均可零成本加入的"微信小程序"进行直播。此直播平台数据可直接对接智能运营平台"好生意"，大大降低了公司销售的运营管理成本。

任务准备

(1) 了解企业开通微信直播功能的条件。
(2) 了解线上店铺与直播带货的关系。

微信直播关系如下。

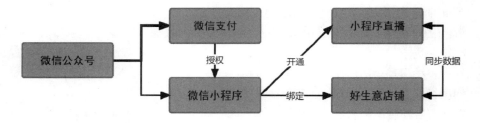

任务操作

1. 开通微信小程序直播插件

- 以小程序管理员身份扫码(或输入公司微信小程序的超级管理员账号和密码)登录微信公众平台，如图3-3-1所示。

工作领域3 店铺运营

图3-3-1 登录微信公众平台

- 执行"功能-直播"命令,单击"开通"按钮,如图3-3-2所示。

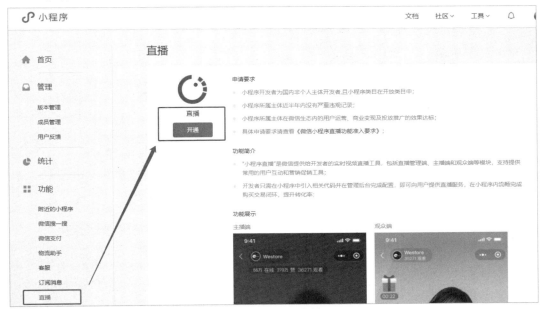

图3-3-2 开通直播

- 若已满足申请要求仍然无法开通直播插件,则可以升级小程序版本后,重新发布小程序,如图3-3-3所示。

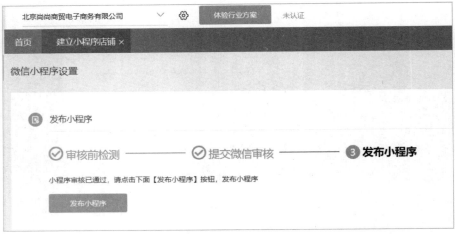

图3-3-3 重新发布小程序

2. 申请开通微信小程序直播功能

- 首次申请开通直播功能,会弹出"微信小程序直播功能服务条款",勾选"我已阅读并同意遵守以上条款"复选框,单击"申请开通"按钮,如图3-3-4所示。

图3-3-4 直播功能服务条款

- 企业开通微信小程序直播功能的条件,如图3-3-5所示。
- 若满足以上条件,则会出现"申请通过"标志,如图3-3-6所示。

图3-3-5　开通微信直播功能的条件

图3-3-6　申请通过

3. 创建微信小程序直播间

● 进入小程序管理界面的"直播间"界面，单击"创建直播间"按钮，如图3-3-7所示。

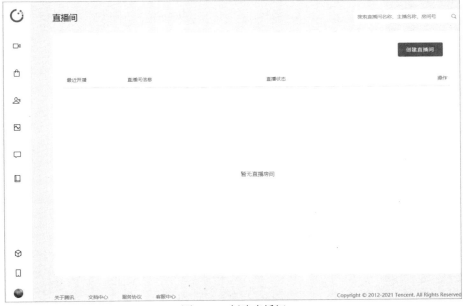

图3-3-7　创建直播间

- 设置直播类型为"手机直播",设置开播时间与主播微信账号,如图3-3-8所示。设置的开播时间要至少提前当前时间10分钟,开播与结束时间间隔要大于30分钟;主播首次绑定,需要扫码进行身份验证。

图3-3-8　完善基本信息

- 设置"分享卡片封面"(建议尺寸:800像素×640像素)和"直播卡片封面"(建议尺寸:800像素×800像素),如图3-3-9所示。

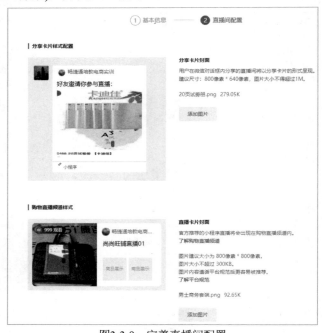

图3-3-9　完善直播间配置

- 设置"直播间背景墙"(建议尺寸：600像素×1300像素)，开启直播间的"评论、商品货架、分享、点赞"功能，如图3-3-10所示。

图3-3-10　直播间功能设置

- 添加客服人员，如图3-3-11所示。

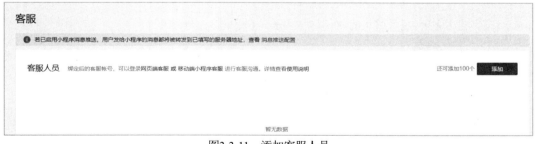

图3-3-11　添加客服人员

- 完成直播间创建，如图3-3-12所示。

图3-3-12 完成直播间创建

- 单击"开播码"按钮,下载直播间"开播码",主播可通过微信扫码开播,如图3-3-13所示。主播可使用微信扫描小程序开播码,直接通过微信小程序开播;也可提前扫码下载并安装"商家管理助手"安卓App,通过App开播。

图3-3-13 开播码

- 执行"更多-分享"命令,可查看并保存直播间海报或直播间小程序码,进行直播间推广,客户扫码便可进入直播间,如图3-3-14和图3-3-15所示。

图3-3-14 分享直播间信息

图3-3-15 分享直播间

4. 将商品上架至直播间

- 进入"好生意"平台的"商品上下架"界面,单击各商品右侧的"分享"按钮,逐条分享商品,如图3-3-16所示。

图3-3-16 分享商品

- 复制商品小程序链接后,可粘贴至文档中进行整理,如图3-3-17所示。

商品编码	商品名称	商品条码	商品分类编	商品分类	商品类型	规格型号	品牌名称	直播售价	参考售价	基准进价	小程序链接
000100001	20页试卷册		0001	办公用品	实物	KD168	卡迪佳	10.9	4	5.6	pages/index/index?products=1320447721209859
000100002	巨能写笔		0001	办公用品	实物	J1102	康百	9.9	11.8	9	pages/index/index?products=1320447721472002
000100003	科目袋沙网单拉		0001	办公用品	实物	9107	帮必佳	16.9	22.8	14.9	pages/index/index?products=1320447721078848
000100004	A4拉边袋		0001	办公用品	实物	E8254	康百	9.9	4.9	7	pages/index/index?products=1320447721472003
000100005	A4彩色10MM抽杆夹		0001	办公用品	实物	Q3109	康百	7.9	10.5	7	pages/index/index?products=1320447721078849
000100006	A4皮面磁扣板夹		0001	办公用品	实物	D5001	康百	16.9	9.8	16.9	pages/index/index?products=1320447721078850
000100007	学生套装1		0001	办公用品	实物		康百	22.9	29.9	19.9	pages/index/index?products=1320447721472004
000100008	学生套装2		0001	办公用品	实物		康百	26.9	39	22.9	pages/index/index?products=1320447721472005
000100009	男士商务套装		0001	办公用品	实物		康百	59.9	4	39.9	pages/index/index?products=1320447720947716
000100010	女士商务套装		0001	办公用品	实物		康百	69.9	84.9	47.9	pages/index/index?products=1320447721078851
000100011	康百手提商务公事包		0001	办公用品	实物	F6847	康百	37.9	9	35	pages/index/index?products=1320447720947717
000100012	商务直文手提包		0001	办公用品	实物	F6804	康百	45.9	9	49.9	pages/index/index?products=1320447720947718
000100013	手提包		0001	办公用品	实物	F6992	康百	88.9	8	79.9	pages/index/index?products=1320447720947719
000100014	竖式手提包(康百)		0001	办公用品	实物	F6985	康百	17.9	9.9	16.9	pages/index/index?products=1320447721472006
000100015	多功能跨肩学习袋		0001	办公用品	实物	F6711	康百	29.9	35	24	pages/index/index?products=1320447721209862

图3-3-17 整理商品小程序链接

- 进入小程序后台"商品库"的"未入库商品"界面，单击"添加商品"按钮，逐条添加从"好生意"平台获取的商品，如图3-3-18所示。

图3-3-18　添加直播商品

- 完善商品详情并提交商品审核，如图3-3-19所示。此处可设置直播间显示的商品名称和图片；此处设置的价格只是直播间显示的价格，商品真实购买价格以"好生意"平台中设置的价格为准。

图3-3-19　完善商品详情

- 审核通过后(大约30分钟)，即可查看已入库商品，如图3-3-20所示。

图3-3-20 已入库商品列表

- 返回小程序"直播间"界面,单击"控制台"按钮,如图3-3-21所示。

图3-3-21 直播间控制台

- 单击"导入商品"按钮,导入已通过审核的"已入库"商品,如图3-3-22所示。

图3-3-22 导入商品

- 单击商品右侧的"上架"按钮,可将此商品上架至直播间购物橱窗,供客户选择,如

图3-3-23所示。一般根据直播进度，即时上架商品。

图3-3-23 推送控制界面

5. 投放直播链接并生成推广海报

- 在"好生意"平台中，执行"营销推广-营销推广-直播卖货"命令，进入"直播卖货"界面，如图3-3-24所示。

图3-3-24 直播卖货界面

- 单击右上角"同步列表"按钮，可同步店铺绑定的微信小程序直播间信息，如图3-3-25所示。

图3-3-25 同步列表

- 单击操作区域的相应按钮，可将直播链接投放至小程序店铺，效果如图3-3-26所示。

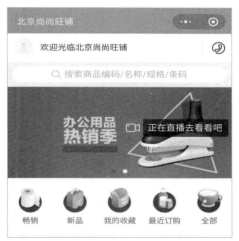

图3-3-26　投放直播链接

- 单击操作区域的"海报"按钮,通过三个步骤,即可生成推广海报,如图3-3-27至图3-3-29所示。

图3-3-27　第一步:上传直播码

图3-3-28 第二步:预览海报

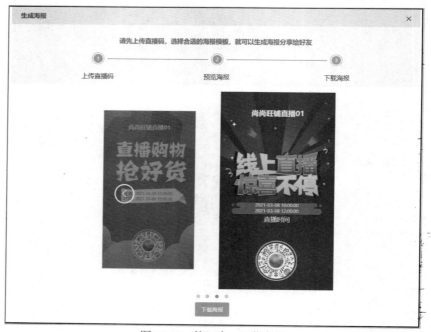

图3-3-29 第三步:下载海报

- 进入"好生意"平台的"直播卖货"界面,单击"抓取商品"按钮,可将审核通过的商品同步至"直播商品库",如图3-3-30所示。

图3-3-30 直播卖货同步商品

6. 发起直播

- 在直播时间段内，使用创建直播间时已经验证过的主播微信扫描识别开播码，如图3-3-31所示。

图3-3-31 小程序开播码

- 进入直播间，单击"发起直播"按钮即可开播，如图3-3-32所示。或通过微信登录直播App，验证身份，发起直播。

图3-3-32 进入直播间并开播

7. 推送/下架商品

- 单击"推送控制"界面中的"推送"按钮,可把商品推送到直播屏幕界面,方便客户直接点击浏览并下单(每次推送时间为60秒);单击"下架"按钮,可从直播间橱窗撤除该商品,如图3-3-33所示。

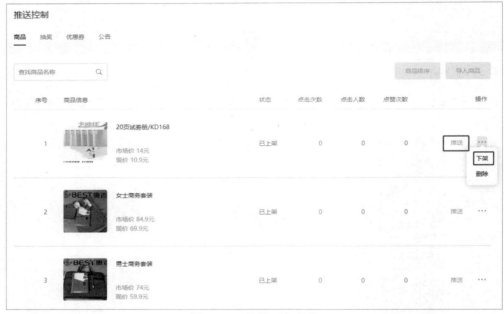

图3-3-33 推送/下架商品

- 直播间推送商品效果,如图3-3-34所示。

图3-3-34 直播间推送商品效果

8. 策划直播活动

- 可以设置相应的抽奖环节，形式可以是截屏，也可以设置为系统随机抽奖。抽奖环节一到，单击"开始抽奖"按钮，屏幕左上角会出现礼品悬浮窗，如图3-3-35和图3-3-36所示。

图3-3-35　创建抽奖

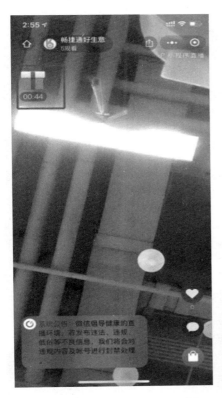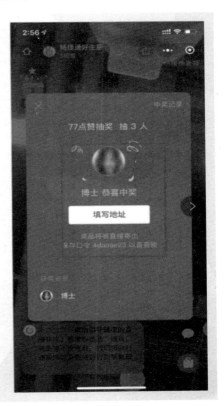

图3-3-36　直播间抽奖

- 在"好生意"平台中,执行"营销推广-价格管理-商品价格设置"命令,可直接修改要优惠出售的商品价格,即改即生效,如图3-3-37所示。

图3-3-37　修改商品价格

- 直播时,可向顾客介绍店铺活动(如优惠券、单品特价、单品折扣、单品满赠等),促使顾客直接下单,如图3-3-38所示。

 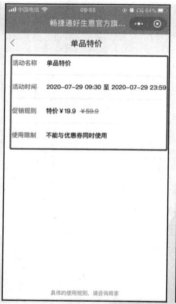 

图3-3-38　通过活动下单

🔔 任务思考

直播过程中,需要哪些角色协同配合?微信小程序直播间与"好生意"直播间是什么关系?

_____
_____
_____

考核标准

(1) 掌握创建微信小程序直播间的方法。
(2) 掌握将商品上架至直播间的方法。
(3) 了解主播开播流程,并会设置小助手、客服等。

任务3.4　其他行业直播商品维护

任务目标

尚尚公司还有其他四类货品,分别为家居用品、时尚饰品、洗护用品和电子3C产品,为了合理管控货物,请将"家居用品"与"时尚饰品"存放在与"办公用品"一致的总仓,另设置"分仓",存放"洗护用品"与"电子3C产品"。

四类货品中,"洗护用品"及"电子3C产品"涉及一个商品有多规格属性,需使用"商品属性"管理货物。

请根据任务要求,分别完善四类货品的商品信息,录入期初数量,并将所有货品上架至"好生意"旺铺。

任务准备

(1) 新增商品档案之前,需要编辑仓库和往来单位信息。
(2) 录入商品期初数量之前,需查看商品属性,并设置商品档案属性。
(3) 上架商品之前,需同步新增的商品分类。

任务操作

1. 管理仓库

执行"基础信息-基本信息-仓库"命令,进入"仓库"界面,可以对仓库进行管理,如图3-4-1所示。

1) 仓库分类

根据公司要求,需新增"分仓"仓库,用于存放"洗护用品"与"电子3C产品"。因目前只有两个仓库需要管理,数量较少,所以无须将仓库分类,在"未分类"菜单中集中管理即可。

2) 新增仓库
- 单击"新增仓库"按钮,按图3-4-2所示内容新增仓库。

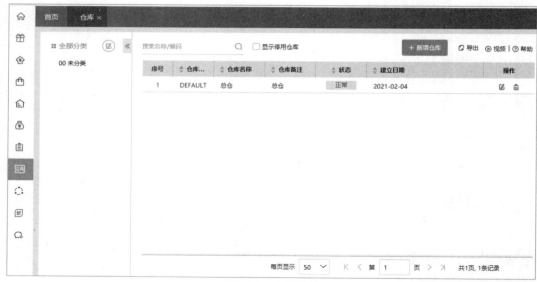

图3-4-1 仓库管理

图3-4-2 新增仓库

- 单击"保存"按钮,返回"仓库"界面,即可查看仓库列表,如图3-4-3所示。

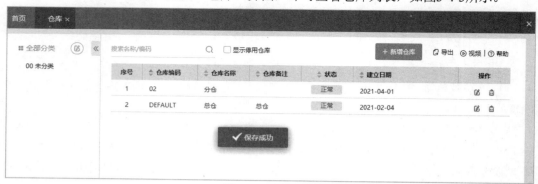

图3-4-3 仓库列表

3) 调整仓库发货设置
- 执行"营销推广-旺铺设置-旺铺店铺设置"命令,在"旺铺店铺设置"界面,找到"库存设置"模块。

- 勾选"优先从商品默认仓库发货"复选框,如图3-4-4所示。因为新增了分仓仓库,所以部分商品默认从分仓仓库发货,勾选此项目,可避免部分商品因分仓有货总仓无货,旺铺显示为"售罄",而自动下架。

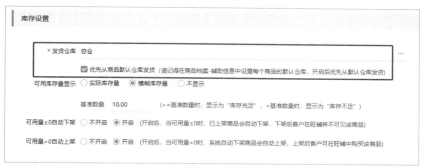

图3-4-4　仓库发货设置

2. 新增往来单位分类

每个往来单位档案中,已经包含"客户、供应商、客户/供应商"三种单位类型,但为了在"往来单位"界面显示更清晰的细分,可设置多个级别或场景下的供应商或客户分类。

- 执行"基础信息-基本信息-往来单位"命令,进入"往来单位"界面,可以对往来单位进行管理,如图3-4-5所示。

图3-4-5　往来单位管理

- 单击"全部分类"标题右侧的"编辑"按钮,进入"往来单位分类编辑"界面。
- 单击按钮 ⊕,根据表3-4-1的内容,新增以下往来单位分类,单击"完成编辑"按钮,如图3-4-6所示。

表3-4-1　往来单位分类信息

分类编码	分类名称	上级分类
0001	一级供应商	全部分类
1001	旺铺客户	全部分类

图3-4-6　新增往来单位分类

3. 调整和新增往来单位信息

- 调整"康百文具公司"的档案信息,在"基本信息"模块将单位分类修改为"一级供应商",单击"保存"按钮,如图3-4-7所示。

图3-4-7　调整供应商信息

- 在"往来单位"界面,单击"新增往来单位"按钮,根据表3-4-2的内容,新增供应商,如图3-4-8所示。

表3-4-2　供应商档案信息

单位类型	单位编码	单位名称	单位分类	收款条件	其余信息
供应商	000102	灵月商贸	一级供应商	月结	默认
供应商	000103	东鹏商贸	一级供应商	月结	默认
供应商	000104	慈生堂医药	一级供应商	月结	默认
供应商	000105	飞扬手机配件批发	一级供应商	月结	默认

图3-4-8　新增供应商

- 单击"保存"按钮,返回"往来单位"界面,即可查看往来单位列表,如图3-4-9所示。

图3-4-9 往来单位列表

4. 录入商品信息

1) 新增商品分类
- 执行"基础信息-商品管理-商品"命令,进入"商品"界面。
- 单击"全部分类"右侧的"编辑"按钮,进入"商品分类编辑"界面。
- 单击按钮 ⊕,根据表3-4-3的内容,新增以下商品分类后,单击"完成编辑"按钮,如图3-4-10所示。

表3-4-3 商品分类信息

分类编码	分类名称	上级分类
0002	家居用品	全部分类
0003	时尚饰品	全部分类
0004	洗护用品	全部分类
0005	电子3C产品	全部分类

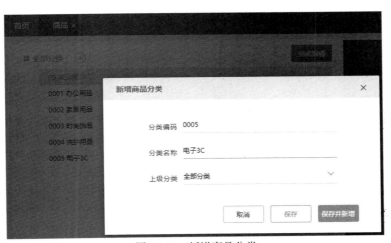

图3-4-10 新增商品分类

2) 导入商品
- 在"商品"界面,执行"导入-导入商品"命令,进入"导入"界面,如图3-4-11所示。

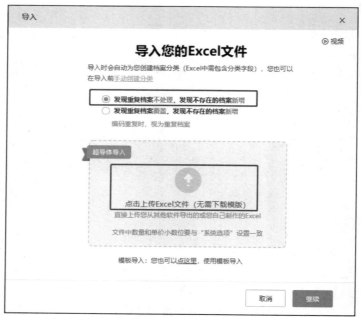

图3-4-11　导入商品

- 选择"发现重复档案不处理,发现不存在的档案新增"选项,以防止覆盖必要的重复档案。
- 单击箭头图标,上传Excel文件,选择配套文件"新媒体直播实训选品资料(四类).zip",解压后,导入其中的"导入模板-商品信息(四类).xlsx"文件,单击"继续"按钮。
- 成功导入四类商品(共46条商品信息)后,关闭"导入"界面,如图3-4-12所示。

图3-4-12　导入完成

3) 导入商品图片
- 在"商品"界面,执行"导入-导入图片"命令,进入"导入"界面,如图3-4-13和图3-4-14所示。

- 设置图片导入模式为"追加导入",以防止覆盖原有图片。
- 检查即将批量导入的商品图片,是否已经用"商品编码@数字"命名。
  若商品主图为单张,可与详情图放在同一文件夹中;若商品主图有多张,建议与详情图分开存放在不同文件夹中,存放主图的文件名依然可以用"商品编码@数字"命名。
- 单击"导入商品主图"按钮,选择配套文件"新媒体直播实训选品资料(四类).zip",解压后,导入"02家居用品图片"文件夹中的单纯以"商品编码"命名的图片。
  在选择图片时,按住Ctrl键的同时,单击不同的图片,即可连续选择多张图片。
- 单击"导入商品详情图"按钮,导入"02家居用品图片"文件夹中以"商品编码@数字"命名的图片。
  在选择图片时,先使用快捷键Ctrl+A全选文件夹内所有图片,再按住Ctrl键,单击以"商品编码"命名的商品主图即可反选剩余文件,即以"商品编码@数字"命名的商品详情图。
- 其他三类商品图片及详情图暂不上传,待以后用其他方法导入。

图3-4-13　商品界面

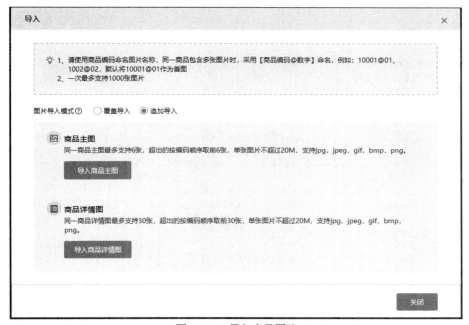

图3-4-14　导入商品图片

4) 启用商品属性

根据任务要求,需要启用商品属性,如图 3-4-15 所示。

- 执行"系统管理-基本设置-选项设置"命令,进入"选项设置"界面,打开"库存设置"页签。
- 单击"启用商品属性"单选按钮(可随时启用,设置商品属性后不可关闭;如需关闭,则需删除各属性值及各属性类,无商品启动商品属性)
- 单击"保存"按钮,保存设置。
- 刷新网页,"商品属性"设置即可生效。

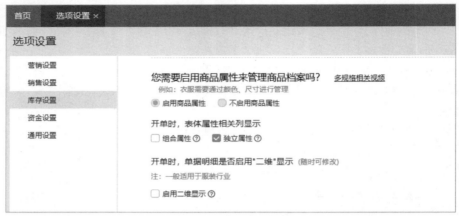

图3-4-15 启用商品属性

5) 新增属性类别
- 执行"基础信息-商品管理-商品属性"命令,进入"商品属性"界面。
- 单击"新增属性"模块按钮,新增"净重、香型、颜色"三个属性类别,如图3-4-16所示。

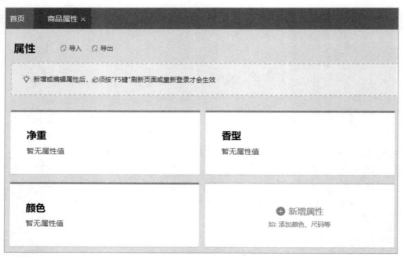

图3-4-16

6) 添加商品属性值
- 单击各个属性模块,按表3-4-4的内容,添加属性值。

表3-4-4 属性值

属性分类	属性值	从属属性	分组
净重	4g、180g、210g	净重	无
香型	柠檬、玫瑰、薄荷清香、留兰香型	香型	无
颜色	黑色、红色	颜色	无

- 单击"净重"属性模块，单击"新增属性值"按钮，即可进入"新增属性值"界面添加属性值，如图3-4-17所示。

图3-4-17 新增属性值

- 按照上述步骤，依次为另外两个属性添加属性值，如图3-4-18所示。

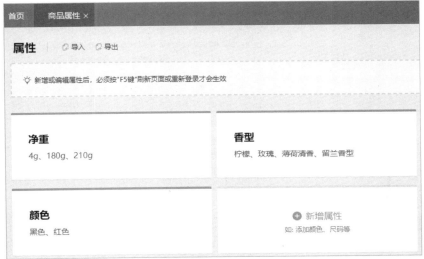

图3-4-18 属性值添加完成

7) 生成属性组合
- 在"商品"界面，根据表3-4-5的内容，编辑"洗护用品"与"电子3C产品"的商品属性。
- 以"唇膏"商品为例，单击商品名称"唇膏"，进入"编辑商品"界面，如图3-4-19所示。
- 勾选"启用"复选框，启用属性设置。

表3-4-5 商品属性表

品名	净重	香型	颜色
唇膏	4g	柠檬	——
唇膏	4g	玫瑰	——
牙膏	180g	——	——
牙膏	210g	——	——
纽曼线控音乐手机耳机	——	——	红色
纽曼线控音乐手机耳机	——	——	黑色

图3-4-19 编辑商品

- 勾选"净重"和"香型"复选框（若无属性显示，则需刷新浏览器页面后再进入此界面），如图3-4-20所示。

图3-4-20　选择商品属性

- 出现属性取值范围列表，选择"净重"选项，勾选"4g"复选框，单击"保存"按钮，如图3-4-21所示。

图3-4-21　选择净重属性值

- 选择"香型"选项，勾选"柠檬"和"玫瑰"复选框，单击"保存"按钮，如图3-4-22所示。

图3-4-22　选择香型属性值

- 单击"生成属性组合"按钮，选择横向展开"香型"，如图3-4-23所示。

图3-4-23　横向展开香型

- 单击"确定"按钮，生成两种组合(与"新媒体创业选品整理.xlsx"文件中的商品相同)，并分别上传图片(图片可在电商平台搜集)。

- 单击"保存"按钮保存商品档案,如图3-4-24和图3-4-25所示。

图3-4-24 编辑属性组合

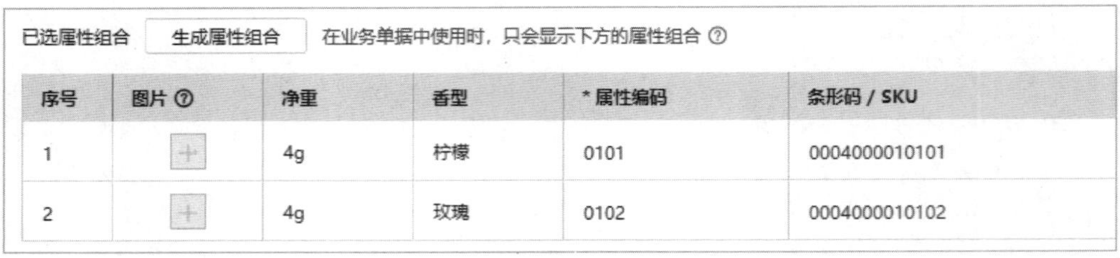

图3-4-25 生成属性组合

- 继续操作,生成"牙膏""纽曼线控音乐手机耳机"商品的属性组合并保存。
- 牙膏商品属性组合只有两类,选择横向展开为"暂不展开",保留勾选"180g""留兰香型"与"210g""薄荷清香"两种,生成组合,如图3-4-26和图3-4-27所示。

图3-4-26 编辑属性组合

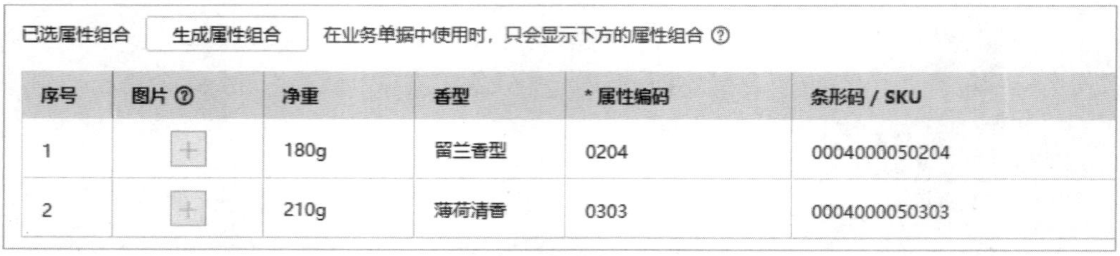

图3-4-27 生成属性组合

- 纽曼线控音乐手机耳机商品属性组合如图3-4-28所示。

图3-4-28 属性设置与组合

5. 录入商品库存期初数

- 执行"系统管理-初始化-库存期初"命令,进入"库存期初"界面。
- 单击"导入"按钮,选择配套文件"新媒体直播实训选品资料(四类).zip",解压后,导入"导入模板-库存期初(四类).xlsx"文件,如图3-4-29所示。

图3-4-29 导入库存期初

- 成功导入商品的期初数量,如图3-4-30所示。

图3-4-30 导入完成

6. 旺铺上架货物

1) 更新旺铺展示分类
- 执行"营销推广-旺铺装修"命令,进入"旺铺装修"界面。
- 在"分类页面"的"展示分类设置"页签中,单击"同步进销存商品分类"按钮,如图3-4-31所示。

图3-4-31 旺铺分类同步

- 成功将五个一级分类同步。
- 删除"未分类"行次。此时线上好生意旺铺可以正常展示所有商品分类,如图3-4-32所示。

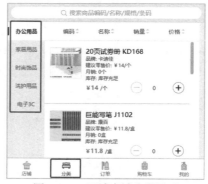

图3-4-32 旺铺店铺分类展示

2) 商品上架
- 执行"营销推广-商品上下架"命令,进入"商品上下架"界面,如图3-4-33所示。

图3-4-33 商品上下架设置

- 在"待上架商品"页签中,单击"选择商品"按钮,进入"商品参照"界面,如图3-4-34所示。

图3-4-34 选择待上架商品

- 调整"每页显示"为100个商品,在一页上显示所有备选商品。
- 全选所有商品(若有其他少量商品无须上架,则可先全选,再反选无须上架的商品)。
- 单击"确定"按钮,完成商品选择。
- 回到"待上架商品"页签,调整"每页显示"为100个商品。
- 全选所有"未上架"商品,执行"批量操作-批量上架"命令,如图3-4-35所示。
- 操作成功后,"待上架商品"页签中无商品显示。

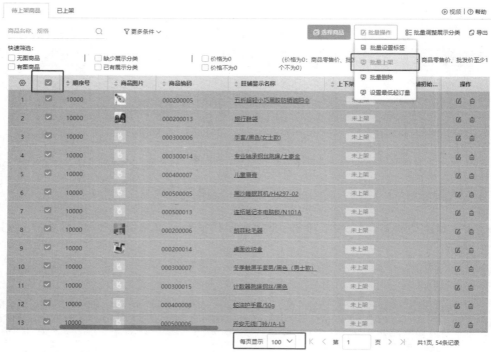

图3-4-35　批量上架

3) 补充商品详情图

- 在"已上架"页签中，勾选"无图商品"复选框，可显示缺失图片的商品列表，如图3-4-36所示。

图3-4-36　缺失图片的商品列表

- 单击各商品的"旺铺显示名称"，可打开"旺铺商品编辑"页面。
- 在"商城同步"栏目，输入该商品的京东链接，单击"抓取商品信息"按钮，可自动获取该商品的主图与详情图，如图3-4-37所示。实训商品的京东链接，可通过解压配套文件"新媒体直播实训选品资料（四类）.zip"，在"新媒体创业选品整理.xlsx"文件中找到。

- 单击"保存并上架"按钮，完成编辑。

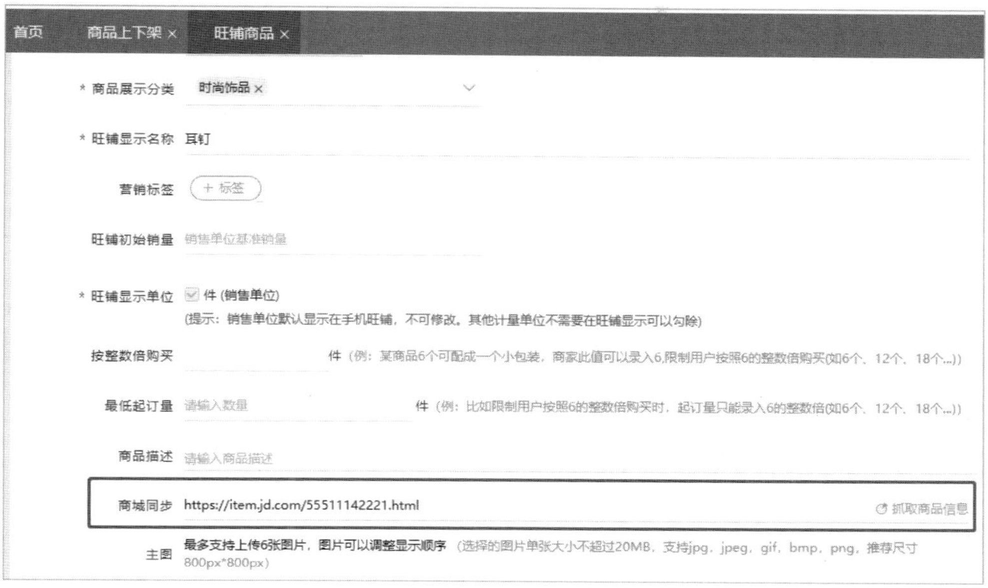

图3-4-37 输入商品链接

- 商品图片抓取成功后，查看商品信息及图片是否正确，如图3-4-38所示。需删除与商品无关的图片，如京东店铺送京豆的宣传图片等。

图3-4-38 查看商品信息及图片

任务思考

导入商品库存期初数之前,需要考虑商品或仓库的哪些设置?商品档案及期初数录入完成后,在商品上架之前,需要经过哪些步骤?

_____
_____
_____

考核标准

(1) 掌握好生意平台多仓库设置操作步骤。
(2) 掌握不同商品分类在多仓库的商品档案建立步骤。
(3) 掌握商品多属性、多组合的设置步骤。
(4) 掌握新增商品期初数的导入步骤。

工作领域4　直播带货实战

思维导图

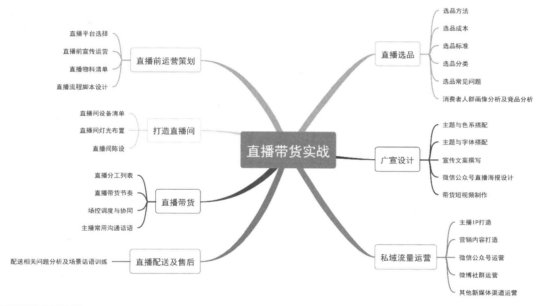

任务目标

(1) 掌握选品方法，能够完成消费者用户画像分析、竞品分析。
(2) 掌握直播宣传物料的制作方法，能够对产品进行卖点提炼。
(3) 掌握打造主播 IP 的方法，能够完成私域账号的运营工作。
(4) 熟悉直播预热的工作内容，能够完成直播脚本撰写。
(5) 了解直播间氛围设计，掌握直播设备、灯光、声卡等的调试方法。
(6) 熟悉直播过程中各角色的岗位职责，能够完成一场直播活动。
(7) 了解直播后的物流配送服务，能够处理售后问题。

任务背景

尚尚公司准备组建直播带货团队，为公司经销代理的产品进行直播带货，从而提升产品销售额。直播团队包括主播人员、副播人员、场务人员、广宣人员、直播运营人员各一名。大家在会议室开会讨论直播团队接下来的工作规划，憧憬着能为公司销售业绩的提升开辟一条新路。

任务4.1 直播选品

任务目标

(1) 掌握选品的方法,完成"选品清单"。
(2) 了解选品的成本,完成"选品毛利计算表"。
(3) 熟悉选品的标准,完成"选品标准评定表"。
(4) 掌握选品的分类方法,完成"选品分类表"。
(5) 能够处理选品时遇到的常见问题,完成"选品常见问题处理表"。
(6) 掌握产品、用户、竞品分析方法,完成"消费者人群画像及竞品分析表"。

技能要求

(1) 能够通过直播平台或第三方调查报告搜集直播间观众的性别占比、年龄段、地域分布等基本数据,以及价格偏好、兴趣偏好等动态数据,建立核心用户群体标签,构建目标用户画像。

(2) 能够使用直播后台工具,搜集同品类直播竞争对手和对标账号的信息(如产品定位、口碑表现、直播人设、直播间标题、直播间封面等),进行竞品分析,制定差异化竞争策略,实现销量增长。

(3) 考虑是否刚需、消费频次和品牌知名度等因素,能够对产品进行品类定位及划分。

(4) 考虑流量来源及流量趋势,规划直播产品的搭配,并与直播主题相结合。

任务分析

行话说"七分在选品,三分靠运营",一家店铺能够顺利地经营下去,选品是重中之重,若选品得当,那么流量和转化率自然会有所提升。学习借助互联网平台的力量多渠道选品,选品时,主要考虑产品的运输效率、独特性、性价比和产品包装等。

对使用产品的消费者进行用户画像分析可以更好地熟悉产品的适用人群,对后期产品卖点的提炼、推广内容及渠道的选择都有重要指导意义。对同类型产品进行竞品分析能使我们及时了解竞争对手的情况,迅速做出反应,对后期直播运营有指导意义。

除此之外,在选品时还要根据商品在直播过程中起到的作用进行合理规划。商品一般分为印象款、引流款、利润款,以及提升直播间档次的气质款,需要不断在实践中摸索最适合直播间活动和粉丝属性的产品规划。

任务准备

1. 公司无产品

在公司没有产品,需要自行寻找产品的情况下,可以通过"四象限法"进行选择,横坐标为竞争压力，纵坐标为市场需求，如图4-1-1所示。要将市场需求高、竞争压力小的第一象限作为选品目标。

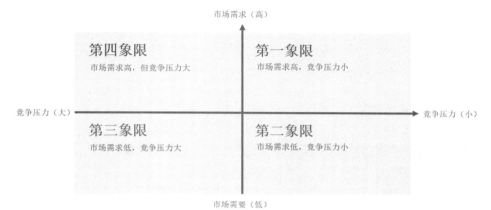

图4-1-1　公司无产品的选品流程

对于商品的类别，可以通过5118网站进行品类查询。进入网站后，选择"挖流量"选项，通过查询长尾关键词，可以为品类增加详细属性，如图4-1-2所示。

图4-1-2　商品品类查询

例如，搜索关键词"保温杯"，会出现大量有关"保温杯"的长尾关键词，从中选出五个词语组合成一个品类，最终得出商品类目"儿童不锈钢保温杯"，如图4-1-3所示。

常用供应商平台如下，可通过这些平台寻找货源进行选品。

- 1688网站
- 义乌购

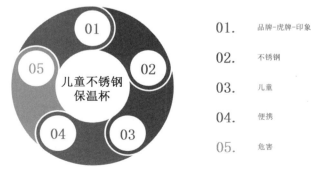

图4-1-3　长尾关键词筛选组合

个人一件代发平台如下。
- 达人推
- 推闪
- 种草之家
- 大淘客

2. 公司有产品

在公司已有产品的情况下,需要分三个时期制定选品策略,如图 4-1-4 所示。初期以引流款为主,通过福利商品获取粉丝信任,吸引新粉丝。中期要在引流款的基础上增加利润款,使福利产品和高利润产品相互搭配,兼顾利益和粉丝留存。成熟期可以再增加形象款(如大牌高价商品),使直播间品类升级。

成熟期各品类占比:引流款(宠粉款),15%~20%;利润款,50%~60%;形象款(战略款),10%~20%。

图4-1-4　三个时期的选品策略

3. 产品分析

产品分析维度及方法如表 4-1-1 所示。

表4-1-1　产品分析表

分析维度	产品定位
	提供内容/服务
	独特性(产品/服务优势)
分析工具及方法	公众号、官网、百度(百科)、天眼查等
	通过官网等自行分析总结
	综合以上所有工具及方法

- 产品是指能够满足用户某种需求的可售卖的有形或无形的物品或服务。
- 提供内容/服务是指产品以什么形式、内容或服务,帮助用户满足需求。
- 独特性(产品/服务优势)是指与同类产品之间存在的差异,即"人无我有,人有我优"。

4. 用户分析

用户分析维度及方法如表 4-1-2 所示。

表4-1-2　用户分析表

分析维度	基本属性	年龄
		性别
		地域
		收入
		学历
		……
	行为特征	(消费)心理
		用户痛点
		用户偏好
		……
分析工具及方法	西瓜数据、易观千帆、百度指数等	
	行业研究报告	
	用户调查	
	通过公众号/产品细节等自行总结	

- 用户的消费心理一般包括贪婪心理、从众心理、攀比心理、恐惧心理、权威心理、稀缺心理、沉锚效应、互惠心理、说服心理等。
- 行业研究报告网站包括艾瑞咨询、易观千帆、199IT等。

例如，对 Keep App 进行产品调研和消费者人群画像调研，结果如图 4-1-5 所示。

Keep 产品调研及消费者人群画像分析

	产品细节	产品描述
自身分析	什么产品	Keep致力于提供健身教学、跑步、骑行、交友，以及饮食指导、装备购买等一站式运动解决方案
	提供内容/服务	为用户提供运动健身、饮食、养生、泛娱乐内容；同时有商城，售卖运动及周边产品
	独特性(产品/服务优势)	和其他健身类App相比，运动健身相关干货内容、健康饮食食谱内容更丰富；因为装机量多，用户粘性高，社区氛围浓厚；可实现健身课程的定制化、个性化，提供一站式运动解决方案；语言风格更加适合年轻群体
用户画像	地域	大部分在一、二线城市
	性别	女性：51.2%；男性：48.8%
	年龄	90后居多，占50%左右；80后、00后各占20%；其他占30%
	收入/消费水平	(可以利用易观千帆调研)
	生活追求	希望能够更健康、更美丽、更加自信
	健身诉求	希望掌握易学、专业、系统的健身方法；希望有人看到自己的努力，鼓励自己
	用户痛点	想要减脂增肌，但不能掌握要领；不能长期坚持，需要有人指导监督；健身房位置太远，没有动力经常前往

图4-1-5　Keep产品调研及消费者人群画像分析

5. 竞品分析

竞品分析维度包括产品定位、口碑表现、主播人设、直播间标题、直播间封面等。
竞品分析平台包括果集·飞瓜、新抖、短鱼儿等。

🔔 任务操作

1. 选品方法

互联网时代，人们接触到的信息越来越多，热爱生活的人们越来越愿意在平台上分享自己的体验，请你选择至少 10 个你觉得不错的商品尝试通过多种方式，记录下选品方法、选品类目和选品名称到表 4-1-3 中。

表4-1-3 选品清单

选品方法	选品类目	选品名称

2. 选品成本

选品除了要考虑产品本身的优势，还要考虑直播间获取产品的成本、日常运营的费用等。请根据表 4-1-4 中给出的条件将空缺部分补充完整。如果本场直播预期毛利目标为 20 万，请问你的计算结果是否达到目标？并计算本场直播的选品毛利和毛利率平均值。

表4-1-4 选品毛利计算表

销售单价(元)	采购成本(元)	销售费用(元)	产品毛利(元)	产品毛利率	单场销量(个)
48.80	15.00	4.90			80
19.90	6.00	2.00			100
24.50	8.00	2.50			200
36.80	12.00	3.50			120

(续表)

销售单价(元)	采购成本(元)	销售费用(元)	产品毛利(元)	产品毛利率	单场销量(个)
9.90	3.00	1.00			500
115.00	30.00	11.00			20
79.90	25.00	8.00			80
53.00	17.00	5.00			60
219.00	70.00	20.00			10
89.90	30.00	9.00			120
本场直播毛利/毛利率平均值					—

3. 选品标准

选品是否符合直播人设、是否令客户满意、是否能引起一轮直播间的销售高潮等标准，需要我们从颜值、价格、口碑、潮流故事等角度加以判断。请将表 4-1-3 中的选品逐一填入表 4-1-5 中，并判断这些选品是否遵循以下选品标准。

表4-1-5 选品标准评定表

产品名称	颜值	价格	口碑	潮流故事	其他

4. 选品分类

引流款是直播间中最具有独特优势和卖点的产品，引流款产品最好要做到"人无我有，人有我优"。

印象款是促成直播间第一次交易的产品，可以选择直播间中高性价比、低客单价的常规产品。

利润款是为了增加竞争力，支撑整场直播间销售额和账面成交记录的产品。

气质款是用来提升直播间档次，兼顾直播间不同消费层次的产品，可以通过气质款产品让客户对直播间产生信任。

请将表 4-1-3 中的选品进行分类填入表 4-1-6，并简单说明理由。

表4-1-6　选品分类表

选品分类	选品名称	分类理由
引流款		
印象款		
利润款		
气质款		

5. 选品常见问题

请针对选品中常见的问题开展小组讨论，将常见问题的处理对策填入表 4-1-7 中。

表4-1-7　选品常见问题处理表

选品常见问题	处理对策
卖高价产品，怕没有销量	
卖低价产品，怕利润小	
卖刚需产品，怕对手太多	
卖小众产品，怕流量不够	

6. 消费者人群画像分析及竞品分析

根据选出的产品，各小组结合第三方数据平台查阅相关数据，完成消费者人群画像分析及竞品分析，填写在表 4-1-8 中。

表4-1-8　消费者人群画像及竞品分析表

类目	项	内容
产品分析	产品定位	
	提供内容/服务	
	独特性(产品优势)	
用户分析	地域	
	性别	
	年龄	
	收入/消费水平	
	诉求	
	痛点	
竞品分析	产品定位	
	口碑表现	
	直播人设	
	直播间标题	
	直播间封面	

🔔 任务思考

直播选品时需要注意哪些有可能涉及的风险？

_____
_____
_____
_____

🔔 拓展阅读

扫描二维码阅读《值得亚马逊新手卖家学习的两种选品思路》。

值得亚马逊新手卖家学习的两种选品思路

任务4.2　广宣设计

🔔 任务目标

(1) 了解主题与色彩搭配原则，完成"色系搭配表"。
(2) 了解主题与字体搭配原则，完成"海报字体搭配原则表"。
(3) 掌握宣传文案的撰写方法，能够提炼出产品卖点，根据产品卖点完成"海报文案设计表"。
(4) 可以使用《图怪兽》完成海报设计。
(5) 完成短视频脚本撰写并拍摄视频。

🔔 技能要求

(1) 能够根据直播商品清单，制作账号背景图、头像、预热海报、图文短视频等宣传物料。
(2) 能够根据直播内容和品牌方要求，与主播及嘉宾进行沟通，制作直播手牌、背景板、提示牌等道具。
(3) 能够利用良好的视觉审美和宣传创意技巧，将直播视频的精彩内容进行剪辑。
(4) 能够依据卖点信息，初步提炼产品卖点，找出产品核心卖点。
(5) 能够用场景化、内容化的语言提炼卖点，撰写产品卖点销售文案。

🔔 任务要求

下周一直播上架的产品清单已准备完成,请每位小组成员独立完成选品的广宣方案设计,方案须包含一张海报和一段带货短视频。

海报要体现直播信息,包括至少五件直播选品的介绍,也可以展现直播主题。

短视频则要求在非直播间背景下对一件选品进行展示。

🔔 任务分析

大部分商家和主播都会在直播前通过各种平台发布直播海报,平时也会发布带货短视频,引导用户关注直播动态。合格的新媒体编辑需要结合产品的特点完成该产品宣传海报的设计和主题短视频的脚本编写与制作。

直播宣传海报通过图片、文字、色彩、排版编辑将碎片化的直播信息呈现给用户,要求主题突出,传达逻辑流畅,易于理解,便于客户快速浏览获取目标信息。

商品类短视频是转化能力最直接的媒介,在拍摄商品类短视频前,应构思和策划拍摄脚本,着力体现商品的特色,向观看者描述用户体验感。

🔔 任务准备

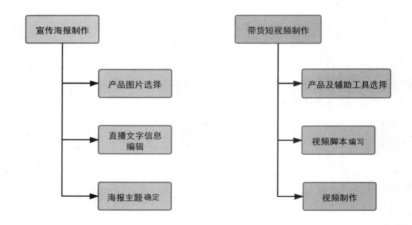

1. 海报设计工具

(1) 《图怪兽》,其后台展示页面如图 4-2-1 所示。

图4-2-1 《图怪兽》后台展示页面

(2)《稿定设计》,其后台展示页面如图 4-2-2 所示。

图4-2-2 《稿定设计》后台展示页面

2. 海报案例

可以通过《图怪兽》或《稿定设计》两款在线制图软件,快速制作出直播产品宣传海报,如图 4-2-3 所示。

图4-2-3　直播海报案例

3. 视频拍摄与剪辑

1) 分镜头脚本设计思路

根据短视频项目的实际需求选择设计分项，一般包含画面参考、基础信息、机位图和场面调度等。

- 画面参考：根据项目的故事、内容确定参考样片，从参考样片中截取参考画面。
- 基础信息：根据参考画面确定场次、镜号、景别、画面说明、道具、服装、声音等内容。
- 机位图：根据参考画面使用Shot Designer设计演员站位和机位图。
- 场面调度：打印分镜头脚本，根据演员站位图描述演员走位和表演情绪，根据机位图描述摄影师走位和拍摄手法。

例如，图4-2-4为《远离那些不必要的朋友》分镜头脚本。

《远离那些不必要的朋友》分镜头脚本

故事概要：女主与朋友一起聚餐，却因餐桌座位少而落单。结果朋友发现后，又回到女主身边一起聚餐。

镜号	时长	景别	分镜画面	声音说明（旁白、对白、独白）	画面说明	拍摄剪辑技巧	备注	参考机位图
1	1s	远景			食堂内，一群男女端着碗坐下准备吃饭，4个人的桌子，有一人落单	固	正侧面拍	
2	2s	中景		群众1：还是这家的最好吃啊 群众2：是吧	落单的女孩儿端着碗站了一会儿，坐在了旁边的桌上	移	正面拍	

图4-2-4　分镜头脚本

2) 短视频制作

短视频剪辑工具：Adobe Premiere，如图 4-2-5 所示。

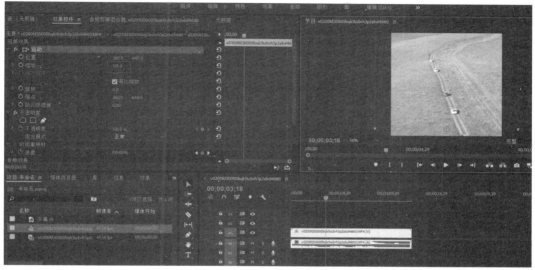

图4-2-5　Adobe Premiere界面

使用 Adobe Premiere 软件可以对视频进行剪辑并添加字幕，剪辑流程类似于炒菜，如图 4-2-6 所示。

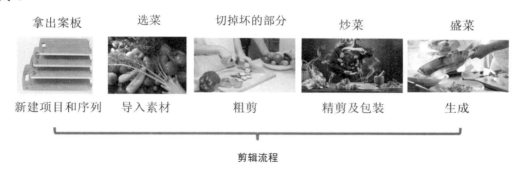

图4-2-6　Adobe Premiere剪辑流程

任务操作

1. 主题与色系搭配

在学习平台中获取 6 幅产品图片，按图 4-2-7 给出的色彩搭配原则判断每幅图片的色系搭配，在表 4-2-1 对应单位格中打"√"。

   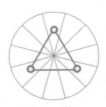

单色/同色系　　　类似色系　　　互补色系　　　对比色系

图4-2-7　色彩搭配原则

表4-2-1　色系搭配表

图片	单色/同色系	类似色系	互补色系	对比色系
图1				
图2				
图3				
图4				
图5				
图6				

请简要说明你的宣传海报色系搭配方案。

_____
_____
_____
_____

2. 主题与字体搭配

在设计的过程中离不开字体的选择，不同的字体所呈现的感觉不同，因此，可根据不同主题灵活选用字体。

1）高级感和传统感

字体结构中，西文的衬线体比无衬线体更能体现高级感，而中文宋体(类似衬线体)要比黑体字(类似无衬线体)更有传统感。衬线又被称为"字脚"，衬线体就是指有边角装饰的字体。衬线体能营造出柔美而华丽的字体美感，如图4-2-8所示。

高级感字体　　　　　　　　传统感字体

图4-2-8　高级感和传统感的字体

2) 冷峻感和柔和感

无衬线体(如黑体)要比衬线体更具有冷峻感和机械感，因此用无衬线体不太好营造柔和感，当做母婴类等主调较为柔和的项目时应尽量用手写体和衬线体，以突出与消费者之间的亲密感和人文感，如图 4-2-9 所示。如果非要用到无衬线体，也要尽量采用类似幼圆的字体来营造柔和感。

冷峻感字体　　　　　　　　柔和感字体

图4-2-9　冷峻感和柔和感的字体

3) 未来感和科技感

文字的构成要素越简单，未来感和科技感就越强烈。表现科技感时，西文的无衬线体要比衬线体更合适，中文的黑体要比宋体更合适，如图4-2-10所示。但要注意，不要把正文中的文字变得过于单纯化，以免不易阅读。

图4-2-10 未来感和科技感的字体

请填写表 4-2-2 中几种常用字体的风格特征与适用范围。

表4-2-2 海报字体搭配原则表

字体	字体特征	适用范围
黑体		
宋体		
圆体		
书法体		
艺术体		

3. 宣传文案撰写

1) 文案类网站
- TOPYS
- 文案狗
- 梅花网
- 广告门

2) 产品卖点提炼

产品的卖点就是与竞品相比的差异化优势,即先找到差异化,然后从差异化中提炼出消费者关心的"卖点"。

可以通过以下三种方法来提炼产品卖点。
- 研究搜索词:了解买家在购物时会搜索哪些关键词,除产品名称外,附带的修饰词大概率就是买家最关注的点,也就是卖点。例如,买家搜索"无线静音鼠标",那么"无线连接"和"按键静音"就是卖点。但需要注意,应该提前了解Top商家主打的卖点是什么,如果同类产品卖点与其相似,可能会影响自身的销量。

- 围绕产品打造优势:很多产品差异化不明显,这时可以围绕产品自身优势提炼卖点。很多人不清楚产品的自身优势,这时要多问其他人,每个人都会提出不一样的看法,把看法汇总整理,就是产品的卖点。另外,优质的服务也可以是产品的优势,例如,"顺丰包邮"就满足了人们对快速和贴心服务的需求。
- 利用差评:一般情况下,买家不会随便给差评,但买家给的差评可以让卖家发现产品和服务上的问题,以及未被满足的需求,这些需求就是产品的卖点。

练习:根据表 4-2-3 中所给的产品关键字进行卖点提炼,并设计广宣海报主题和金句。

表4-2-3 海报文案设计表

关键字	卖点提炼	海报主题	金句
防晒霜、阳伞、补水喷雾、水壶		只要海风不要晒!超多防晒宝贝等你来抢!	养儿不防老,防晒才防老
蒸汽眼罩、降噪耳机、U型颈椎枕			
跑鞋、速干衣、运动手环、运动耳机			
乐高、拼图、故宫盲盒、手办模型			
母亲节相关产品			
五四青年节相关产品			
旅游相关产品			

4. 微信公众号直播海报设计

品牌和主播的公众号被看作是私域流量运营的主要战场,主要用于直播宣传和日常推文。在每期直播前定时推送直播预热信息,有利于留存老客户,吸引新客户。

使用"图怪兽"在线海报设计小工具完成海报设计任务。

使用"图怪兽"制作图片的方法步骤如下。

(1) 在搜索引擎中搜索"图怪兽",进入"图怪兽"官方网站,如图 4-2-11 所示。

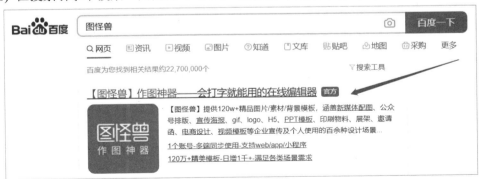

图4-2-11 搜索"图怪兽"

(2) 进入网站后在网站顶部单击"模板中心"进入模板页面，如图 4-2-12 所示。用户还可以通过网站内的搜索功能搜索自己喜欢的模板类型。

图4-2-12　单击"模板中心"

(3) 将鼠标指针放置在自己喜欢的模板上，便会显示"在线编辑"按钮(见图 4-2-13)，单击该按钮即可进入编辑页面。

图4-2-13　模板选择

(4) 选中图片中的文字即可对文字进行更改，同时在右侧编辑栏中可以进行文字调色、字体变换和大小调整等操作，如图 4-2-14 所示。

图4-2-14 修改文字

(5) 文字修改完毕后可以在左侧增加特效字、线条形状和表情包等,如图 4-2-15 所示。也可以上传本地图片对其进行设计。

图4-2-15 添加特效

(6) 完成图片设计后,单击右上角的"无水印下载"按钮(可以使用 QQ 或微信进行登录),登录后即可选择 JPG 或是无损 PNG 格式进行下载,图 4-2-16 所示。

图4-2-16 保存图片

5. 带货短视频制作

随着抖音、快手等短视频App的盛行，短视频制作已成为产品运营和主播带货不可或缺的技能。制作高质量的短视频需要有优质的短视频脚本和一些基本的拍摄技巧。短视频脚本框架如图4-2-17所示。

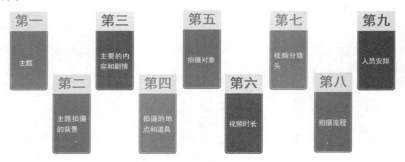

图4-2-17 短视频脚本框架

短视频按时长可以分为15秒以内的视频和1分钟以内的视频两种。请到学习平台观看两段网红带货短视频。

短视频按内容可以分为"知识分享型""Vlog型"和"剧情型"三种，分别有不同的文案结构。

1) 知识分享型

知识分享型短视频文案结构主要有以下两种。

(1) 第一种文案结构：问题+故事+实际场景应用。

- 问题：直接抛出一个问题。(例如：什么叫革命精神？)
- 故事：用一个故事，来解释这个问题。(例如：讲述长征路上硬汉师长陈树相的英勇事迹。)

- 实际场景应用：这个问题在实际中有什么应用或联系。(例如：在生活、工作中面对困难时应有的态度。)

(2) 第二种文案结构：问题+答案+原因(数字排比)。
- 问题：直接抛出一个问题。(例如：为什么越吃越胖？)
- 答案：直接给出一个答案。(例如：因为你的代谢不好。)
- 原因：为什么是这个答案。(例如：肥胖是因为身体摄入的能量大于消耗的能量，剩余的能量便会转化为脂肪，比如一个100g的冰激凌，拥有200大卡能量和20g砂糖，这些能量消耗不掉，就会变成脂肪。)

知识分享型视频文案结构，一般在视频封面直接突出主题，要求简洁明了，对于知识内容的准确性要求很高，从问题的独特性视角展开描述，辅以结构清晰的逻辑和观点。

2) Vlog 型

Vlog 类型的短视频，最常见的是"日常 Vlog""美食 Vlog"和"旅行 Vlog"三种。

(1) 日常 Vlog 文案结构：主题+介绍+状态/感受/后果+转折/冲突+状态/感受/后果+整体感想+呼吁感召。
- 主题：直接写出来视频表达的东西。(例如：草原探秘。)
- 介绍：某旅游景点的特点是什么。(例如：草原深邃的蓝天、飘逸的白云、成群的牛羊。)
- 状态：现在你的生活状态如何。(例如：每天忙于工作的我过得很充实。)
- 感受：谈谈这个生活状态下你有什么感受。(例如：虽然充实，但是真的很疲惫。)
- 后果：这个现状给我带来什么样的后果。(例如：对任何事物提不起兴趣。)
- 转折：现有的状态发生一个重大的转折。(例如：面对整日重复的生活，我要换一个活法！)
- 状态/感受/后果：状态改变之后自己的感受。(例如：来到草原，对生活和工作有了新的认识。)
- 整体感想：整体对这个主题有一个什么样的想法。(例如：草原、羚羊让我对人生有了更多的期待。)
- 呼吁感召：对整个主题产生呼吁。(例如：来吧！放弃一切的枷锁，我们的生命在于体验，多接触大自然吧！)

(2) 美食 Vlog 文案结构：直奔主题+感想+拍菜单+拍环境+拍特色+拍上菜+拍你吃的角度+感想。
- 直奔主题：去哪、吃什么、为什么、有何亮点。
- 感想：沿路拍风景或拍个入店的长镜头，想象的餐厅风格、用餐环境。
- 拍菜单：拍翻看菜单的过程。
- 拍环境：上菜空隙拍环境。
- 拍特色：例如拍90元的牛肉粉与50元牛肉粉的区别。
- 拍上菜：抓拍上菜的一瞬间。
- 拍你吃的角度：可以将手机放置在你对面。
- 感想：品尝后的感想或味道解说。

(3) 旅行 Vlog：文案结构：主题+故事+准备+介绍+特点+感受。
- 主题：讲述去哪个旅游景点、看什么。

- 故事：这个旅游景点有什么故事。
- 准备：出发前的准备。
- 介绍：介绍这个旅游景点。
- 特点：介绍这个旅游景点的特点。
- 感受：说一说来到这里有什么样的感受。

总结来说，Vlog 型短视频需要依靠泪点、笑点或共鸣点体现立意深度，通过独特的视角阐述观点，合理地运用同期声编辑，彰显主题。同时，人物表现比较重要，建议主角直接出镜展示。

3) 剧情型

剧情型短视频文案结构：提出问题(是什么)+分析问题(为什么)+解决问题(怎么办)。

剧情型短视频就是把现实生活中真实存在但不容易被大多数人所注意的事件拍摄成故事性短片。这类短视频往往是一种社会现象和一定人群生活状态的写照，容易使观看者产生情感上的共鸣，引人深思，耐人寻味。

- 提出问题(是什么)：近期热点、共情痛点、争议观点等都可以作为开头。
- 分析问题(为什么)：将问题延伸扩展，描述清楚。
- 解决问题(怎么办)：结尾点睛升华，以美好愿景、金句或互动结尾。

例如，一名大四学生最后一次参加足球校队的比赛，为了不在学生时代留下遗憾，他为这场比赛做了很多准备。视频主要拍摄的是比赛开始前男主角从更衣室到球场这一路的复杂心情，分镜头脚本如图 4-2-18 所示。

镜头	景别	镜头	时长	画面	旁白	音乐
1	中景	固定镜头	5秒	换足球运动衣	今天是大学校队最后一场足球比赛	无
2	近景特写	推镜头	3秒	穿球鞋，系鞋带	为了今天的比赛特地穿上了这双进球最多的幸运球鞋	《The Mass》
3	全景	固定镜头	3秒	全身装备，推门走出更衣室	我一定要赢	《The Mass》
4	全景	跟着演员走	4秒	球场中全场观众，双方部分球员在热身	队友都准备好了，对手看上去很强大，我要加油	《The Mass》
5	近景	固定镜头	3秒	中场开球画面，裁判吹哨子	终于开始了	《The Mass》

图4-2-18 短视频脚本案例

每个人试着将自己要拍摄的带货短视频的脚本方案填写在表 4-2-4 中，并拍摄成短视频成品。

表4-2-4　短视频拍摄脚本策划

主题	
发布标题	
拍摄时长	
拍摄方式	
拍摄器材	
拍摄道具	
背景音乐	
成果	

任务思考

拍摄商品类短视频、美食类短视频、Vlog类短视频，分别要注意什么问题？

_____
_____
_____
_____

任务4.3　私域流量运营

任务目标

(1) 掌握打造主播 IP 的方法，完成"主播 IP 设计思路表"。
(2) 掌握营销内容的撰写技巧，完成"营销内容文案表"和"营销内容短视频脚本"。
(3) 了解微信公众号运营方法和技巧，完成"微信公众号运营表"。
(4) 了解微博运营方法，完成"微博粉丝互动重点表"。
(5) 了解其他新媒体渠道，完成"其他新媒体运营平台信息收集表"。

技能要求

(1) 能够利用信息化检索方式完成文案素材的收集，合理筛选信息，对素材进行加工创作。
(2) 能够撰写基本的运营文案，对运营文案框架有一定认识，能够根据不同活动对指定运营文案做出调整。
(3) 能够与团队成员协作完成工作，保证短视频文案的创作。
(4) 能够根据平台不同的运营规则，对平台产品和账号定位及时进行调整。
(5) 能够根据账号定位及时与粉丝进行互动，通过分享日常生活动态保持和粉丝之间的联

系，增强粉丝粘度。

🔔 任务要求

为了增加直播当天的人气，也为了后期提升客户的转化率，请利用热门公众平台做好品牌私域流量运营，配合公司代理商品，打造主播人设，确定营销内容，小组成员需各自撰写一篇公众号主题文案、拍摄一个内容营销短视频。

主题文案要求图文并茂，表述内容完整且有逻辑，最好能抛出话题引发粉丝互动留言。

创建一个抖音账号或微信视频账号，制作并发布一个主题短视频，要求拍摄主题新颖，能激发粉丝分享、传播欲望。

🔔 任务分析

为了巩固直播营销效果，定期组织直播活动的同时，还要做好新老客户的运营维护工作，加强与客户的线上互动。做好私域流量运营需要考虑以下因素：从消费流程来说，流量运营需涵盖拉新、转化、留存、转介绍四个方面；从互动形式来说，可采用新媒体文案、新媒体短视频、话题讨论等多种形式；从使用平台来说，可将运营内容发布在微信公众号、微博、抖音、今日头条等平台。

主题文案可围绕品牌或厂商市场定位、近期的社会焦点、公益事业、圈层热门话题，以及直播主题进行撰写。

🔔 任务准备

1. 新人主播打造IP的方法

1）确定行业或领域

首先，应该选择一个用户基数大的行业或某一细分领域进行直播。例如，服装业可以划分为男装、女装、韩流风、潮流穿搭等细分领域。进行领域划分是为了能够精准定位受众群体和潜在粉丝。然后，学习和借鉴该行业或领域内优秀主播的经验，总结出吸引粉丝的秘诀，如图 4-3-1 所示。

```
                确定行业/领域
        📋  选择一个用户基数大的行业
        📋  关注学习优秀同行
```

图4-3-1　确定行业或领域

2）创新定位

主播必须要有自己的闪光点或特点，才能让观众记住，如图 4-3-2 所示。浮夸的着装打扮可能是一个标签，独特的口头禅或幽默的语言风格也可能是一个标签。

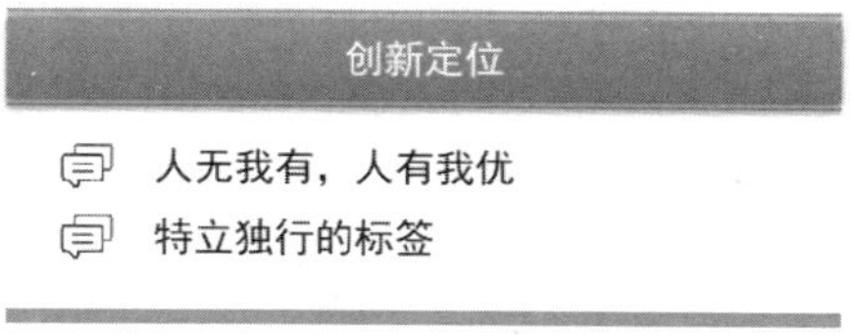

创新定位
- 人无我有，人有我优
- 特立独行的标签

图4-3-2　创新定位

3）维护人设并强化标签

如何维护人设？可以包装一个人设背景，通过人设背景为个人的标签进行背书。同时，这样的背景也可以提升主播的号召力和公信力。如何强化标签？可以通过行业背景来强化标签，例如，资深的母婴奶粉店柜员、妇幼医生一定比明星更懂得如何带货婴幼儿奶粉，如图 4-3-3 所示。

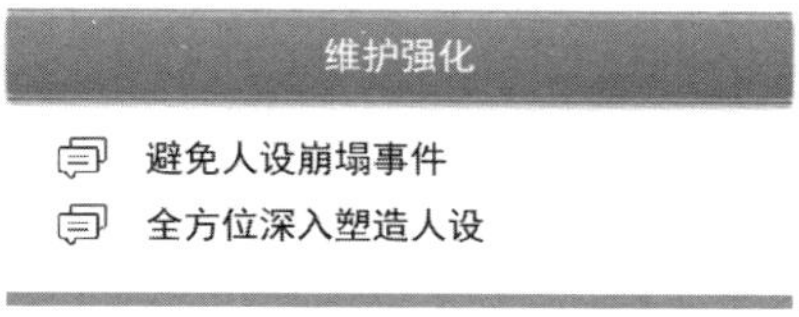

维护强化
- 避免人设崩塌事件
- 全方位深入塑造人设

图4-3-3　维护人设并强化标签

2. 营销内容打造

(1) 标题(主题)必须能够快速引起人们注意。

① 痛点式标题。
- 《教育大变革，北京16区到底怎么变，家长知道吗？》
- 《运营者注意：2021年微信平台最新封号规定》

② 数字式标题。
- 《××贪官被公诉，家藏2.3亿现金烧坏4台验钞机》
- 《15天，减掉30斤的科学减肥方法》

③ 疑问式标题。
- 《站在台风口的猪，风停了怎么办？》
- 《怎样才能写出10W+的文章？》

④ 故事性标题。
- 《大山深处的公交车》
- 《一件事改变了我和婆婆的关系》

⑤ 夸张式标题。
- 《价值30万的创意文案，超过100万人收藏！》
- 《30岁的人，60岁的心脏》

(2) 内容要系统而全面，紧跟热点的同时要注重专业性，例如某产品的写作思路，如图 4-3-4 所示。

- 权威证实
  - 权威的个体及组织
  - 权威的认证/认证标识
  - 荣誉展示
- 口碑证明
  - 真实客户故事
  - 成功案例
  - 客户评价
- 展示细节
  - 生产过程
  - 服务过程
  - 产品细节
- 用数据说话
- 示范效果
- 描绘愿景
  - 明星代言
  - 展示价值观
- 风险承诺

图4-3-4 写作思路

3. 微信公众号运营方法

现在越来越多的商家、企业甚至个人在使用微信公众号，通过公众号可以与用户实现全方位沟通和互动，微信公众号已经成为一种主流的线上线下互动营销方式。

1) 确定公众号主题

公众号必须要有针对性，主题明确才能更好地找到受众群体，例如，图书馆的公众号，其内容就要和图书馆密切结合，如果该公众号涉及的主题多且杂，就会使目标读者逐渐失去关注兴趣。

2) 发布优质推文

不定期地更新优质推文是运营微信公众号的主要方法。文章内容要能够激发读者的阅读兴趣；语言风格要尽量保持一致；文章结构要图文结合，文字过多会造成视觉疲劳。

3) 推广

有的公众号中的文章写得非常好，但阅读量却寥寥无几。"酒香也怕巷子深"，一篇好文章不进行推广，就会"石沉大海"，要借助各种渠道对文章进行宣传，常见的渠道包括朋友圈、贴吧、微博等。高频率地转发才能增加曝光度，才会有流量。

4) 举办活动

借助活动进行推广的文章最容易成为爆文，可以根据节日或当下热点推出相关活动，设置一些奖品吸引用户转发参加，但活动不要举办得太频繁。

5) 保持互动

粉丝留言后，尽量第一时间回复，以此拉近与粉丝的距离，培养忠实用户。对于一些常规性留言，可以在公众号左侧栏目设置自动回复(见图 4-3-5)，这样既能快速回复，又能较少精力消耗。

6) 模仿学习

每个行业都会有运营非常成功的公众号，可以多关注这类公众号。如果前期不知道如何运营，就模仿他们的操作，结合自身优势及特点逐渐找到适合自己的运营方式。

图4-3-5　微信图文回复

7) 数据分析

数据分析也是运营推广中非常重要的环节。通过数据可以清晰地了解到公众号最新推文的阅读量、转发量、粉丝增长情况等(见图4-3-6)，对这些数据进行分析，可以发现问题、总结规律，例如，某时间段粉丝量暴增，就要总结是哪方面引起的粉丝量增加。

图4-3-6　微信公众号后台数据

4. 微博的运营方法

1) 明确微博定位

首先要明确微博的定位，可以选择一个自己擅长的领域，如美食、读书、摄影、旅游、电影等。确定定位后就可以注册微博账号了，微博昵称要吸引人并尽量与定位相关。

同时，关注同领域的优秀微博账号，从中总结技巧；关注热点人物和意见领袖，及时互动，借势营销；重视热心用户，他们会提意见、投稿、提供新闻线索、协助生产好的内容。

2) 准备微博内容

微博内容要与定位相关，可以有针对性地推送粉丝喜欢的内容，也可以结合当时的热点来设计微博内容。例如，如果微博定位是旅游，那么微博内容可以是旅游攻略、每月最佳出游地推荐、旅游景点的特色、旅途中的故事等。

除了可以发布原创内容外，还可以转发一些有价值的微博，在转发时可以补充相关信息或

自己的观点。

3) 规划微博发布时间

在规划微博发布时间时,要根据发布内容做一个长远的计划,每天、每周、每月甚至每季度的规划都要考虑到。

4) 微博互动

利用微博的评论、转发功能与粉丝进行互动,要认真对待每一条评论、私信、建议。尽量做到一一回复。

5) 微博推广

当微博内容丰富后,就可以利用各种方法去推广,可以将微博地址分享到朋友圈、QQ 空间、QQ 群、微信群等,先和自己的好友互粉。如果开通了微信公众号,可以在公众号文章中嵌入微博二维码,如果把二维码图片设计得很有个性,则会吸引更多粉丝关注。

任务操作

1. 主播IP打造

利用IP概念将主播的独特性展现出来,使主播具备号召力和影响力,成为某一领域的KOL。主播的成长之路,就是主播 IP 的形成之路。主播 IP 有多大吸引力,带货能力就有多强。

主播 IP 是由主播的形象、风格、优势、特点共同构成的标签定位。通俗来讲就是主播是个什么样的人,可以给粉丝提供什么特定的价值。推断这样的主播能吸引到的粉丝的圈层定位,并以此作为选品定位的条件。

如果由你来打造一个主播 IP,你认为这个 IP 可以和当下社会哪些热门话题相匹配?请把你的设计思路填到表 4-3-1 中。

表4-3-1 主播IP设计思路表

品牌形象	账号昵称	
	头像	
	简介	
超级符号	主题	
	开播语/个性语	
	个性行为	
热门符号	社会热点	
	行业热点	
	圈层热点	

2. 营销内容打造

有没有让你印象深刻的营销文案?请摘录 3~5 条你认为很不错的营销文案填到表 4-3-2 中,并试着自己再写两条,可以围绕学习、友谊、运动、中秋节、母亲节、美食、旅游等多种主题展开。

表4-3-2　营销内容文案表

优秀文案摘录	
你的文案作品	
你的文案作品	

除了富有创意的营销文案，内容优质的短视频也能吸引非常多粉丝的关注，短视频是互联网时代最容易被消费者接受的营销方式，请将你策划的短视频脚本填入表 4-3-3 并完成短视频的制作。

表4-3-3　短视频脚本

主题	
发布标题	
拍摄时长	
拍摄器材	
拍摄道具	
背景音乐	
分镜头内容	

3. 微信公众号运营

微信是一个互动交流工具，微信朋友圈线上线下一体化的特征使其形成了一个天然的价值传播闭环，打造内容优质的公众号无疑是在为品牌或主播个人积累圈层影响力。请在小组间展开讨论，总结几条打造优质公众号和运营公众号的技巧填入表 4-3-4 中。

表4-3-4　微信公众号运营表

打造优质公众号的技巧	

(续表)

运营公众号的技巧	

请选择上述技巧中的任意两种应用到自己的微信公众号中,并谈谈应用感想。
_____
_____
_____
_____

4. 微博社群运营

和微信朋友圈的传播范围相比,微博具有更强大和更快速的传播力,微博中每天都会有很层出不穷的热点话题,微博运营者要目光敏锐,积极参与其中,借助热点增加曝光度,促进粉丝量增长。请下载新浪微博 App,试用后开展小组讨论,总结几条在微博中和粉丝互动应注意的重点填入表 4-3-5 中。

表4-3-5　微博粉丝互动重点表

微博粉丝互动重点	

请分享几个你认为不错的微博账号,并说说这些优质的微博账号都是怎样和粉丝互动的。
_____
_____
_____
_____

5. 其他新媒体渠道运营

除了微博和微信这两大新媒体平台之外,其他新媒体平台的特点及运营方法也需要进行了解。

请下载表 4-3-6 中的 4 个 App，通过浏览平台上发布的内容选出你认为最优质的信息完善表格，并做简要分析。

表4-3-6　其他新媒体运营平台信息收集表

新媒体平台	发布者	主题	转发数	评论数	点赞数
今日头条					
知乎					
抖音					
哔哩哔哩					

简要分析上述平台中的主题内容为什么能得到较高的关注度？

任务思考

私域流量的本质是经营思维的转变，即由商品营销向经营用户的转变。请谈谈商品营销与经营用户的区别？

知识拓展

扫描二维码浏览直播工作表，了解直播前的各项准备工作。

直播工作表

任务4.4　直播前运营策划

🔔 任务目标

(1) 了解不同直播平台的属性，完成"直播平台对比表"。
(2) 掌握直播运营前预热的方法，完成"直播前宣传运营记录表"。
(3) 熟悉直播前需要筹备的物料，完成"直播物料清单"。
(4) 熟悉直播脚本撰写方法，完成"直播流程脚本设计表"。

🔔 技能要求

(1) 具备平台规则的学习能力，能区分常见直播平台各项功能。
(2) 能够根据直播产品，选择合适的直播平台，发起直播。
(3) 能够根据直播主题，结合直播时长、嘉宾特点、直播商品，收集直播脚本素材。
(4) 能够根据直播销售主题，设定直播带货节奏，拟定脚本大纲。
(5) 能够提炼产品卖点，并撰写产品使用场景、功能及价格的介绍文案。
(6) 能够在脚本设计中，制定直播暖场、促单及常见问题解答的沟通互动脚本。
(7) 能够根据脚本大纲，完成脚本撰写。

🔔 任务要求

小组成员开会讨论首次直播的运营策划工作及直播间分工，在确定了直播平台并完成了直播前的预热宣传工作后，大家一致认为第一次直播的流程和脚本设计非常重要，请四名小组成员根据选品编辑一份直播流程脚本，一名小组成员负责直播物料清单的准备。

🔔 任务分析

直播流程设计就是按照流量(触达设计与精准获取)、成交(销售设计与主播技能)、复购(牵引设计与会员管理)、转介(体验设计与分享推动)四个营销步骤对产品介绍、线上互动等环节进行设计。

直播脚本一般以表格的形式呈现，其中包括直播时间、直播人员、事项模块、时长、选品名称、物料、环节、互动内容等。主播可对照脚本台词进行灵活调整，使其朗朗上口，自然流畅。直播脚本可以帮助团队成员了解直播前所要做的准备工作，以及直播时各自的职责和直播的进度。

直播物料是为了展示选品而准备的辅助工具，直播前需要准备好选品及对应的辅助工具，方便主播展示。

任务准备

1. 直播脚本

直播脚本的主要作用在于梳理与优化直播流程、管理主播互动、管理货品分类、管理福利机制,重点是提前统筹安排好直播中每一个人每一步要做的事情。

1) 主题确定

直播主题的确定最好从账号定位出发,选择相关内容进行直播。例如,美食账号就可以围绕美食制作、美食推荐或美食带货等内容进行直播。

2) 内容设计

如果是带货类的直播,内容上就要偏向于商品介绍,最好将商品的详细信息、亮点等进行详细介绍。如果是偏向展示、分享等娱乐性的直播,则可以设置更多的知识讲解和互动问题,让粉丝获得更有价值的内容。

3) 环节分配

环节分配可以和内容一起进行设计,主要就是安排直播的时长及每个环节的具体内容。

这里建议大家在正常的直播环节中穿插一些互动环节,如直播抽奖、直播连麦等,在直播人气下降时可拉动直播间的活跃度。

2. 电商直播脚本的基础模板

1) 单品直播脚本
- 单品脚本:相当于产品信息表,可以规范主播的解说,突出商品的卖点,也可以帮助主播更加精准、有效地向粉丝传递产品的特点和价格优势。
- 脚本内容:产品名称、品牌介绍、主图、链接、卖点、规格、直播间最低售价、历史最低价、优惠方式、促销活动、催单技巧等,如图4-4-1所示。

产品名称	产品图片	产品卖点	日常价	直播活动价	核心卖点
初语宽松卫衣连帽女春装新款印花抽绳韩版学生潮流衫外套		1、基础印花卫衣,袖口处的绿色印花使整件卫衣富有春天的气息。 2、卫衣是宽松型的,可以把过年的肉肉很好的遮住哦!	449	78.575	2件2折+400减50优惠券
【大力水手联名】初语2020年春装新款刺绣宽松园领春头灰色卫衣女		1、大力水手IP联名款 2、小图案设计,基础又个性	479	83.825	2件2折+400减50优惠券
初语秋季新款 韩版百搭哈伦风小脚中腰九分裤休闲裤女裤		1、九分裤设计,露出性感的小脚踝不要太好看。 2、哈伦裤的版型,超适合丰臀女性,遮肉效果杠杠滴。	299	52.325	2件2折+400减50优惠券

图4-4-1 单品直播脚本

2) 整场直播脚本
- 整场直播脚本:用于规范整场直播的节奏、流程和内容。
- 脚本内容:主题、时间、地点、主持人、嘉宾、产品(价格和数量等)、每款产品展示时长、预告文案、场控、直播流程等,如图4-4-2所示。

具体信息	
时 间	2019年12月8日（星期五）20：00-00：00
地 点	茉莉传媒直播室-白马
主 题	植入星品 秀出必买清单
主 播	凯悦
预告文案	预告：直播间爆款星品，超值买赠不能错过！关注点击开播提醒，12月8日 20:00 来直播间，教你打造冬季高颜值，还有爆款星品小黑管和花瓣粉底液，带你走进植村秀日式匠心的奇妙世界~
注意事项	1）直播间互动玩法：下单即送洁颜油随机款 4ml*3 2）下单备注：植春秀大卖，送植村秀无色限卸唇啫喱 1ML 单片*2 3）讲解节奏：单品讲解+粉丝问题回复+实时互动 4）产品讲解比例 70%日常 sku+30%皮卡秀系列
直播流程	

图4-4-2　整场直播脚本

3. 直播前预热推广

- 预告期：正式直播前，进行预热造势。
- 开播前几天：发布视频预热，合作预热。
- 临近开播：开播前30分钟，集中聚集流量，如图4-4-3所示。

图4-4-3　直播间推广节点

4. 直播推广物料

推广物料主要包括直播封面、推荐语、宣传海报、H5活动页、图文、短视频等。

推广物料要凸显价值和亮点，根据不同的平台调性和用户属性，准备不同的推广物料。例如，若直播期间设置很多福利(如赠送高价值礼品、超低折扣、新老用户福利等)，则可以在推广素材中重点突出；若主播人气非常高，则可以重点强调主播，提前以各种推广物料进行预告。

🔔 任务操作

1. 直播平台选择

当前，直播平台非常多，主流的带货直播平台有淘宝直播、快手和抖音。淘宝直播是电商直播开始爆发的平台，所以淘宝直播本质上就是购物的平台；抖音和快手是为了适应新一代年轻人对信息技术的依赖孕育而生的内容型直播平台。

请在表 4-4-1 中写出不同直播平台的优势和劣势，然后分析不同直播平台的应用场景。

表4-4-1　直播平台对比表

直播平台	优势	劣势	应用场景
淘宝直播			
抖音			
快手			
好生意直播			

2. 直播前宣传运营

在学习平台获取网红主播和明星直播前的预热宣传文案。请将你在本章 4.2 小节和 4.3 小节完成的直播宣传海报、带货短视频和运营文案发布到各平台，并记录相关浏览数据填入表 4-4-2 中。

表4-4-2　直播前宣传运营记录表

平台	宣传海报		短视频		运营文案	
	浏览量	点赞量	浏览量	点赞量	浏览量	点赞量
微信公众号						
抖音						
新浪微博						
今日头条						
快手						

3. 直播物料清单

直播物料清单是根据单场直播选品展示需要而配置的辅助物料列表，主播和副播在展示商品时会借助一些辅助性的工具或材料，以便于更好地呈现产品的功能、亮点和试用时的体验感。物料需要提前准备好，直播时助理人员根据主播的需要拿给主播使用。请根据表 4-1-3 的选品清单填写表 4-4-3 的直播物料清单。

表4-4-3　直播物料清单

直播时间：　　　　　　　　　　物料存放地点：

选品名称	物料	数量	用途	状态	负责人	备注

4. 直播流程脚本设计

请根据表 4-1-3 的选品清单完成单场直播流程脚本的设计方案，并填入表 4-4-4 中。

可扫描下方二维码，查看直播流程脚本范例。

直播流程脚本范例

表4-4-4　直播流程脚本设计表

直播人员：　　　　　　　　　　　　　直播时间：
直播主题：

事项模块	时间	时长(min)	选品	物料	互动环节	内容

🔔 任务思考

扫描下方二维码，查看两段人气主播的直播脚本文案，总结该直播脚本文案的设计特点。

某人气主播单品直播脚本文案

_____
_____
_____
_____

拓展阅读

扫描二维码阅读《服装直播带货脚本笔记》。

服装直播带货脚本笔记

任务4.5　打造直播间

任务目标

(1) 了解直播间设备要求，完成"直播间设备清单"。
(2) 熟悉直播间灯光的布置，完成"直播间灯光布置表"。
(3) 掌握直播间的布局方法，完成"直播间陈设规划表"。
(4) 合理控制预算，完成"直播间设备购置预算清单"。

技能要求

(1) 能够根据直播脚本要求完成直播间布置。
(2) 会检查网络信号强度。
(3) 会调试使用直播软件、麦克风、声卡、灯光等。
(4) 会对画面进行镜头及灯光调节。

任务要求

想要直播效果好，直播间设计是非常重要的一个环节。请小组成员分工协作从直播器材、室内布置、灯光等方面入手，制定直播间设计方案。

任务分析

直播间的设计风格一定要与主播的人设相吻合，与主播形象匹配度越高，就越有代入感，容易使用户沉浸在直播的氛围中。高品质的直播间环境是侧面塑造直播人设、提升美好观感的必要条件。因此，硬件设备(如手机、支架、声卡等)、网络宽带、灯光布置都是必不可少的，除此之外，场地大小、背景陈列、色彩搭配都是需要考虑的因素。

🔔 任务准备

1. 直播间大小选择

- 容量预估：电商直播间要能容纳主播、工作人员，以及桌椅、直播设备、补光灯和货品等。
- 功能预估：根据不同的直播内容选择不同大小的直播间，例如，小范围聚焦的直播(如美妆直播)需要的场地小；大范围走场的直播(如服装穿搭直播)需要的场地大。
- 空间大小：一般情况下，建议选用面积大于8平方米、层高3米以上的直播间，不然会让人感觉局促和压抑。
- 价格预算：不同城市或地段价格不同，按一个房间计算，500～8000元不等，差异较大。
- 建议方案：聚焦上半身的美妆主播或直播团队，建议选择8～20平方米、层高3米以上的直播间；需要走动展示全身的服装穿搭主播或直播团队，最好选择20～40平方米、层高3.5米以上的直播间，如图4-5-1所示。

图4-5-1　直播间的大小

2. 直播间环境布置

- 物品入镜：尽量不要使空调、通风系统装置等与直播无关的物品入镜。
- 隔音回音：需要考虑墙面和地板的隔音问题，如果隔音太差则会影响直播；同时也要注意回音问题。
- 窗户光线：镜头不要正对窗户，因为自然光线多变、不稳定，可能会影响镜头效果，建议安装遮光窗帘。
- 墙面颜色：墙面建议以浅色、纯色为主，以简洁、大方、干净为基础，不能太花哨；不建议直接将白色的墙面作为背景，白色在灯光下会反光，会使主播的脸色看起来发黄，展示产品时，也会让人们感觉镜头模糊不清。

3. 直播间灯光布置

- 灯光配套：一套完整的基础灯光设备，一般由一个主灯、两个补光灯和辅助背景灯组成。

- 价格：一组补光灯售价为150元左右，推荐注重美颜的主播选用环形补光灯，其售价为200～1200元不等。
- 主灯：房间的顶灯承担着主要照明的作用，可以选用冷光70～100瓦左右的LED灯，同时要注意，是要让整个直播间有亮度，而不是只让某一局部有亮度。
- 补光灯：有暖光、冷光和日光三种可调节，补光灯可以使画面更柔和，使主播的皮肤看起来有光泽、更细腻。主播一般使用带有美颜功能的环形补光灯，这种补光灯既能补光，又带有柔光的效果。
- 辅助背景灯：以暖光为主，一般将其安装在主播身后的背景墙上，作用是装饰和烘托氛围。当直播间里的光线不足时，也可以通过调节背景灯来补充光线，如图4-5-2所示。

图4-5-2　直播间灯光布置

4. 手机直播硬件配置

- 手机：用来直播的手机要求系统稳定，摄像效果好，可以选用iPhone 13、华为P50/Mate50及更新型号的手机。最好选择一部手机专门用来直播，因为一旦有电话打进来，直播就会中断。
- 手机支架：支架能够使手机固定在某一合适的角度，能满足全身出境直播、半身出境直播等不同需求。
- 手机直播的基本组合：手机+支架+音响+补光灯+有线耳机。
- 手机直播的升级组合：手机+支架+音响+补光灯+麦克风+声卡。

5. 宽带、路由器配置

- 网络宽带：优先选一级运营商，如中国电信、中国移动、中国联通等，宽带的上行速率至少要达到8Mbps。
- 路由器：选择大品牌路由器厂商的中高端产品即可，如华硕、华为、TP-link等。
- 注意事项：直播设备(电脑)要和路由器用有线连接，无线设备建议和路由器在同一房间内，用5G频段连接。

6. 电商直播间的设计需求公式

电商直播间设计需求可归纳为一个公式：空间布局+内容分类+品牌呈现+商品展示+主播风格+色系搭配，如图4-5-3所示。

图4-5-3 电商直播间的设计需求公式

7. 如何确定直播间的设计方案

- 定目标：促销、品牌选宣、新品发布、粉丝福利回馈、日常直播(针对单次直播间调整)。
- 选主题：年中折扣、新品首发、尾货特卖、粉丝福利(针对单次直播间调整)。
- 套公式：空间布局+内容分类+品牌呈现+商品展示+主播风格+色系搭配。
- 选参考：选择与目标接近的方案进行参考。
- 列清单：将整套设计和软装布置内容列清单。

8. 直播成本预算

- 推广成本：包括推广投放的渠道费用和物料的制作费用。
- 奖品成本：含赠品，要根据单价、数量、运费计算总成本。
- 主播成本：包括坑位费、佣金、提成、其他费用等。
- 其他成本：如果是大型直播或首次直播，还需要额外计算场地、设备、网络、装修、装饰等费用。

任务操作

1. 直播间设备清单

在了解了一些专业主播的直播间打造方法后，请根据尚尚公司业务营销特点和主播风格，将公司直播间需要的设备器材名称填入表4-5-1中，并列出直播设备的功能和数量。

表4-5-1 直播间设备清单

直播设备	功能	数量

2. 直播间灯光布置

请扫描二维码提取直播间灯光布置图片文件，仔细观察图片中运用了哪几种灯具营造直播间氛围？这些灯具的灯光分别起到什么作用？请将你的答案填入表4-5-2中。

直播间的灯光布置图片

表4-5-2 直播间灯光布置表

灯具名称	灯具用途	备注

如果请你为直播间进行灯光设计,只能使用 3 种灯具,你会怎么选择?谈谈原因。
___
___
___
___

3. 直播间陈设

直播间的整体环境包括空间大小、背景颜色、前景陈列等,请结合你所学到的知识,将你对直播间的陈设规划描述出来填入表 4-5-3 中。

表4-5-3　直播间陈设规划表

直播间陈设	陈设规划
场地大小	
色彩搭配	
直播背景墙	
货架摆放	
直播间地面	
直播间装饰	

根据公司财务部要求,请对直播设备进行市场比价,完成表 4-5-4 直播间设备购置预算清单的制作。

表4-5-4　直播间设备购置预算清单

部门:　　　　　　　　　　时间:

直播设备	品牌/型号	技术参数	市场单价	数量	金额

任务思考

通过对本章节的学习,谈谈你对直播带货三要素"人(主播)、货(产品)、场地(直播间)"关系的认识。

_____
_____
_____
_____

拓展阅读

扫描二维码阅读《日销过万的直播间都是这样布置的》。

日销过万的直播间都是这样布置的

任务4.6　直播带货

任务目标

(1) 熟悉直播人员分工,完成"直播人员分工列表"。
(2) 了解直播带货的节奏,完成"直播带货节奏表"。
(3) 掌握场控调度与协同的工作,完成"场控调度与协调场景表"。
(4) 熟悉主播常用沟通话语,完成"主播常用沟通话语表"。

技能要求

(1) 能够根据直播的流程和脚本,结合直播间氛围,开展抽奖、促销、福利赠送等暖场活动。
(2) 能够根据直播策划,合理掌控直播产品的销售时间,推进直播节奏。
(3) 能够利用销售技巧和客户心理传递产品核心卖点。
(4) 能够运用沟通话语组合技巧激发观众购买欲望,引导观众下单购买。

🔔 任务要求

万事俱备只欠东风，在首次直播的一个小时里，直播小组如何才能配合默契，将一场完美的带货直播呈现在观众面前，小组成员集思广益开始讨论直播当晚的分工。

要求小组成员集体讨论后列出直播当晚的分工表和两位直播人员的沟通话语表。

🔔 任务分析

前期所有的准备工作都是为了直播的顺利进行。直播的开场节奏把握、直播单品的介绍流程、直播的互动环节设计、主播风格的细节化体现、现场人员的分工，以及对客户留言的及时处理，每一个环节都会影响客户的观感和直播间人气的增减。

主播和副播负责介绍单品并进行直播互动，主播负责按照直播脚本推荐单品，副播配合补充介绍并对产品进行展示和试用，引导观众领取优惠券并下单。主播和副播在直播时的镜头感非常重要。

场控人员负责监控直播数据，提示主播调整直播节奏，调节直播间气氛，和粉丝互动，及时处理直播间的突发状况，同时还要负责直播时的选品补货。

客服运营人员不仅要做好日常私域流量运营工作，还要做好直播间客户流量的管理工作。

🔔 任务准备

1. 直播人员安排

1) 主播团队
- 主播：在直播前熟悉产品信息；直播时详细介绍产品、与粉丝互动、进行活动介绍；直播结束复盘直播内容等。
- 副播：协助主播直播、与主播进行配合、引导观众领取优惠券并下单等。
- 助理：负责配合完成直播间所有的现场工作，如灯光设备调试、商品摆放等。

2) 策划团队
- 编导：编写直播脚本、操作直播中控台、控制直播间节奏等。

3) 运营团队
- 商品运营：负责提供商品、挖掘产品卖点、培训产品知识并进行产品优化等。
- 活动运营：搜集活动信息、监督活动执行等。

建议从活动进程、岗位、事务分类、负责人、时间等方面进行细分，例如，活动后期-运营组-短信催付-王小明-7月30日至7月31日完成。

2. 直播节奏安排

如果要做一场两个小时的直播，可以将这120分钟拆成24个5分钟、12个10分钟或者6个20分钟等。这种拆时为分的方式可以让我们对整个直播流程和时间把控得更精准。

要把每个时间段要介绍的内容提前设计好，不同种类的商品适合介绍的时长不同，例如，尾货服装、零食、百货等商品，希望粉丝快速了解并做决定，这类商品适合做 5 分钟的介绍，主要靠丰富的种类和优惠的价格吸引粉丝关注直播间；美妆等中高客单商品，其介绍环节包括试色、成分介绍、品牌故事讲解、真实用户反馈等，这类商品适合做 10 分钟的介绍；家电等大件商品，因为要进行现场使用展示并做详细介绍，所以这类商品则更适合做 20 分钟的介绍。

每个单品可按照 221 的节奏进行介绍，即把每个 5 分钟拆成 2 分钟+2 分钟+1 分钟，同理：10 分钟=4 分钟+4 分钟+2 分钟；20 分钟=8 分钟+8 分钟+4 分钟。

- 第一个2分钟：介绍产品的四个要素，即卖点、背书、使用场景和对比分析。
- 第二个2分钟：优先开启限时、限量、限购的促销活动，让粉丝养成立即下单的习惯；同时重复强调产品的卖点；演示下单动作，以加强转化率；不断催单。
- 最后1分钟：与粉丝进行互动或抽奖，以此提高直播间人气，增加粉丝在直播间的停留时长。

3. 万能开场白

万能开场白主要包括以下四个方面。
- 我是谁？
- 我的优势是什么？
- 我的直播间卖什么产品？
- 我的直播间有什么活动？

万能开场白的时长应该控制在 30 秒～1 分钟，平均每次介绍两款产品，5 分钟或 10 分钟重复一次开场白。

例如，"欢迎刚刚进入直播间的宝宝，这里是××直播间，我们所有的货都是一手货，工厂直接发到你们的手里面，一件也是批发价，过去你们在店里四五百元买的衣服都买亏了，今天在我们直播间只要四五十元，一件也是批发价，大家抓紧下单购买"。

4. 直播过程引导留存

- 引导关注，如"新进来的宝宝点点关注，关注主播不迷路"。
- 引导点赞，如"新进来的粉丝点点赞，每5万赞有××活动"。
- 引导转发，如"点完赞的宝宝记得转发一下直播间，转发的宝宝截图联系小助理，会给大家送上一份精美的礼品"。
- 引导点击购物车，如"今天的产品都在下方购物车里，宝宝们点击进去就能看到"，由于粉丝是不同时段进来的，引导购买也要在直播间重复进行。

🔔 任务操作

1. 直播分工列表

请小组成员根据团队需要和个人擅长的领域完成单场直播分工，将分工具体信息填入表 4-6-1 中。

表4-6-1　直播人员分工列表

环节	项目	内容	负责人	完成时间	备注
运营前准备					
环境准备					
直播					

开播时间：

直播：

副播：

运营：

场控：

客服：

观众入口(小程序二维码)：

2. 直播带货节奏

直播前要遵守一条很重要的原则——开播要准时。直播的开场白是调动直播间气氛的钥匙。

直播开始，主播需要预先介绍本次直播的商品和品牌，并预告直播过程中抽奖、特邀嘉宾出席等互动环节的时间，根据场控的数据提示调整单品展示的时间和顺序。

每个单品的介绍时间以 5~10 分钟为宜，对于重点产品介绍时间可以适当长一些。讲解时需要介绍产品的基础信息、产品特点、使用方法和使用场景，副播配合以现场体验，描述体验感受。

请到学习平台查看三段直播带货视频，分析三段直播视频中主播的带货节奏特点，并参照视频规划出一套你自己的直播开场白和直播节奏填入表 4-6-2 中。

表4-6-2　直播带货节奏表

视频序号	主播开场白	主播带货节奏分析
1		
2		
3		

3. 场控调度与协同

直播间场控的存在对于直播的整体呈现非常重要。场控主要负责协助主播把控直播间氛围、处理突发状况、引导粉丝互动、维护商品库存等，提高主播开播稳定性和主播营收能力。

直播间场控对主播直播节奏有直接影响，请到学习平台上观看两段视频，描述直播视频中场控的工作场景并分析场控现场处理和协调问题的方式，将其填入表4-6-3中。

表4-6-3 场控调度与协调场景表

视频序号	场控工作场景	简要分析
1		
2		

4. 主播常用沟通话语

直播的过程就是和线上观众沟通的过程，在直播时主播要用什么话语来引入产品？又要用什么方式来和观众互动并促成交易？每一位主播都需要总结一套展现自己风格的主播沟通话语。请思考表4-6-4中的直播场景沟通话语，将你认为不错的话语填入表中的空白处。

表4-6-4 主播常用沟通话语表

应用场景	沟通话语
引导客户下单	
追单	
客户质疑回复	

任务思考

根据直播选品的属性，主播在直播间会选用不同的展示方式让观众充分了解产品的特点，让观众产生下单的想法。食品、服饰品、护肤美妆品、居家百货品等产品的展示方式完全不同，

你观看过的直播中有哪些让你觉得非常不错的产品展示方式？或者你能想到哪些更优秀的展示方式？不妨和大家分享一下。

_____
_____
_____

拓展阅读

到学习平台阅读《某网红直播经验分享视频》。

任务4.7　直播配送及售后

任务目标

(1) 了解物流配送问题及处理方法，完成"物流配送问题应对措施及沟通话语表"。
(2) 了解售后相关问题，完成"售后问题沟通话语表"。

任务要求

第一场直播圆满结束，大家来不及对首次直播的效果进行总结复盘，因为直播后的配送和服务承诺兑现更加紧急。

要求小组成员集体讨论产品物流配送和售后环节可能会发生的一系列产品服务相关问题，并列出解决问题的流程和方案。

任务分析

交易过程中，物流不受卖家控制，是容易产生纠纷的一个重要环节，在处理物流问题时，要梳理造成物流问题的原因，并针对不同问题采用不同的处理方式。因此，可以在销售环节提前预设物流问题场景，规范物流问题应对话语，以降低纠纷率，提升客户满意度。

另外，由于一些突发状况和外力因素，客户收到产品后可能会有不满意的地方，有的是商品本身的问题，有的是物流的问题，还有的是客户本身的问题。客服人员应该先明确纠纷类型，遵循纠纷处理流程，从客户角度按照预设话语进行有效沟通，妥善处理纠纷投诉。

任务准备

针对物流问题和售后问题，可按图 4-7-1 所示的步骤进行处理。

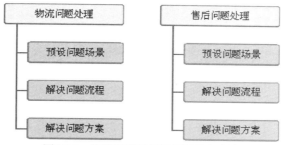

图4-7-1 物流问题及售后问题处理步骤

🔔 任务操作

1. 配送相关问题分析及场景话语训练

订单处理流程包括销售订单审核、库存配货、发货包装、物流配送、客户签收、客服人员跟踪等。请小组成员分析讨论物流配送过程中可能出现的问题,面对这些问题,客服人员应该如何应对并回复才能提高客户的售后满意度。请将问题及应对话语填入表4-7-1中。

表4-7-1 物流配送问题应对措施及沟通话语表

问题类型	问题	应对措施及沟通话语
卖家因素		
买家因素		
物流因素		
不可抗力		

售后问题一般涉及物流动态、商品破损或错漏、退换货流程等问题。请围绕售后问题场景,挖掘相关问题,编辑合理的回复话语填入表4-7-2中。

表4-7-2 售后问题沟通话语表

问题类型	问题	内容描述	沟通话语
咨询	与商品有关		
	与平台有关		
投诉/纠纷	客户对商品质量、数量等表示不满		
	前期沟通出现问题导致客户对商品造成误解		

任务思考

对于买家提出的打折、包邮要求，应如何回复？货物超过预计时间未送达，如何回复客户才能打消其疑虑？

_____
_____
_____
_____

拓展阅读

扫描二维码阅读《电商售后六步法，赢取 16 倍于新客户的回报》。

电商售后六步法，赢取16倍于新客户的回报

任务4.8　饰品类目直播实战

任务背景

尚尚公司直播小组接到领导安排的新任务，本周要进行一场关于饰品类目的直播，扫描二维码观看《饰品类直播微课视频》。

"饰品类直播"微课视频

表4-8-1　职业能力清单

职业能力清单			
授课日期		授课班级	
课程名称		工学项目	
教学目标	知识与技能、过程与方法		

(续表)

职业能力清单			
教学重点	本节课的主要教学内容，列出教学关键点、内容及过程(侧重体现容突出重点、突破难点的方法措施)		
教学环节	该环节所处理的教学内容和组织形式	教学时间	
练习环节	课堂练习的内容(教材题、练习册题、补充练习题等)	练习时间	
职业能力	对应学习目标	知识技能	熟练掌握知识点
补充练习	拓展资料、参考资料等(根据需要填写)		

任务目标

请五位小组成员协力完成一个小时的饰品专场直播，并完成以下资料。

(1) 直播分工任务单。
(2) 选品清单。
(3) 物料清单表、广宣海报、小视频。
(4) 直播脚本、物料清单。
(5) 本场直播总结汇报 PPT。

任务分析

1. 时尚饰品的品类知识

(1) 饰品的用途

饰品是用来装饰的物品，一般用于美化个人外表、装点居室、美化公共环境、装饰汽车等，因此饰品可分为家居饰品、服饰饰品、汽车饰品等。随着佩戴饰品的人群逐渐增加，饰品批发行业逐渐兴起。

(2) 饰品的分类

此处主要讲解佩戴类的时尚饰品。

时尚饰品按照不同的因素可分很多种类，我们根据生活中常见的按照"价值、是否镶嵌宝石、材料、其他因素"四方面给时尚饰品进行了分类。

① 按价值分类
- 高档饰品：净度高、克拉数大的钻石、红蓝宝石、金绿宝石、无油或微油的祖母绿饰品等，如图4-8-1所示。
- 中档饰品：如黄金、铂金等轻奢饰品，如图4-8-2所示。

图4-8-1 高档饰品示例

图4-8-2 中档饰品示例

- 低档饰品：纯银、人工制造的饰品，如图4-8-3所示。

图4-8-3 低档饰品示例

② 按是否镶嵌宝石分类
- 镶嵌宝石饰品，如图4-8-4所示。
- 素金饰品：包括足金饰品、K金饰品、铂金饰品、纯银饰品，如图4-8-5所示。

图4-8-4 镶嵌宝石饰品

图4-8-5 素金饰品

③ 按材料分类

按材料一般分为三类：金银饰品、珍珠宝石饰品、其他材料饰品，如图4-8-6所示。

④ 按其他因素分类

其他因素主要包括佩戴部位和艺术设计两部分，如图4-8-7所示。

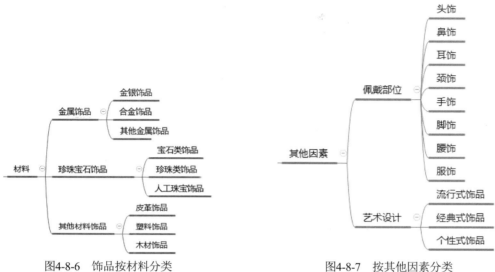

图4-8-6　饰品按材料分类　　　　　　图4-8-7　按其他因素分类

2. 饰品的消费人群定位

饰品在中国拥有庞大的消费群体，据统计有约13亿人。如此庞大的消费群体，每年的消费金额达数百亿元。饰品的消费人群可以从价格和年龄两个纬度去分析。

(1) 价格因素

- 1000元以上：消费者大多是一线城市的人群，此档饰品的市场份额大概占20%。
- 200～1000元：消费者大多是二线城市的人群，购买频次多，此档饰品的市场份额大概占55%。
- 200元以下：购买力较弱的人群，在意样式/设计的翻新，此档饰品的市场份额大概占25%。

(2) 年龄因素

随着年龄的增长，人们喜爱的饰品类型也随之发生变化，如图4-8-8所示。

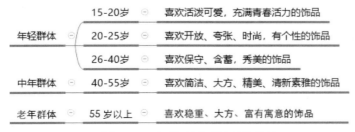

图4-8-8　不同年龄喜爱饰品的类型

3. 购买饰品人群的消费观念

(1) 2019 年中国饰品消费需求总人数为 10.2 亿人，2020 年中国饰品消费需求总人数为 10.3 亿人，2021 年中国饰品消费需求人数已上升为 10.5 亿人，呈现逐年上涨趋势。(数据来源于搜狐网)

(2) 中国消费者的饰品消费以5000元以下的轻奢饰品消费为主，如图4-8-9所示。

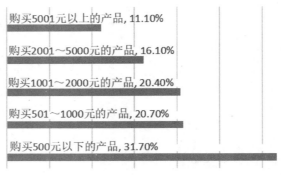

图4-8-9　购买不同价位饰品的消费者占比

(3) 定制饰品将成为饰品行业新的增长点。

经调查，对饰品定制服务很感兴趣的消费者占 55.9%。

(4) 市场已经从"人找货"发展到"货找人"的时代。以人为中心的私域流量运营，已经成为新的增长点。

(数据来源于搜狐网：艾媒报告)

4. 饰品的时尚搭配

(1) 当下是追求服装时尚和个性的时代，人们思想的转变对以天然珠宝和贵金属为主导的饰品冲击很大。人造合成宝石类的饰品，款式多、造型美、价格低，和服装搭配起来更加时尚，深受年轻群体的青睐。

(2) 回归大自然的饰品越来越多，回归大自然类的饰品线条精简、流畅，多仿大自然中的动物与植物，深受用户喜爱。

(3) 民族风情饰品较受欢迎，民族风饰品可体现饰品的艺术价值，更具有纪念意义和珍藏价值，受到各年龄层用户追捧。

(4) 饰品由单一向组合转变，平常我们看到的组合首饰最为常见，如珠宝组合首饰、贵金属组合首饰。

5. 饰品的用户画像

(1) 地域分布(图 4-8-10)

从图 4-8-10 可以看出，广州、山东、江苏搜索饰品类关键词的用户位列全国前三名，未来直播广告地域投放可重点关注这些城市。

图4-8-10 地域分布

(2) 人群属性(图 4-8-11)

从图 4-8-11 中可以看出，搜索时尚饰品类关键词的用户主要在 20～39 岁年龄段，这个年龄段的用户是未来直播购买力最强的用户群体。

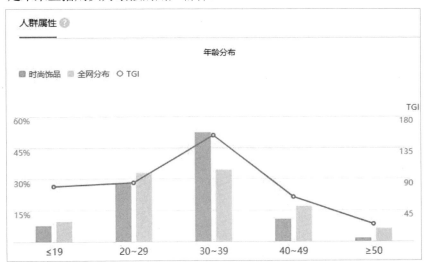

图4-8-11 年龄分布

从图 4-8-12 可以看出，搜索时尚饰品类关键词的男性高于女性，打破了女性才喜欢时尚饰品的传统认知，而是男性对饰品也感兴趣，也可能是男性把饰品当作礼物送给女性。未来直播中也可以多提及送女生饰品作为礼物。

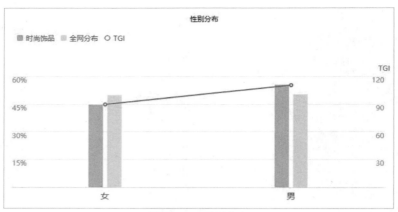

图4-8-12 性别分布

6. 饰品行业数据分析

从 2020 年 9 月中国消费者观看直播购买饰品频率数据来看，36.3%的消费者观看直播从未买过饰品，还有 12.7%消费者观看直播购买饰品的频率为一个月一次，31.4%的消费者观看直播购买饰品的频率为多月一次，9.6%的消费者为一年一次或多年一次，如图 4-8-13 所示。(数据来源于艾媒网：饰品行业数据分析)

由此可见，在直播中购买饰品的消费者占比相对较少，线上购买饰品的渠道还未被消费者广泛接受。但随着工艺技术的变迁、智能化技术的发展，饰品行业数字化发展将成为趋势，各大饰品企业应扩大线上宣传力度、提高消费者接受度，以迎来持续发展道路。

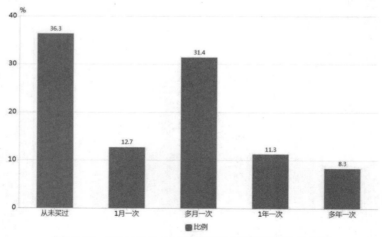

图4-8-13 2020年9月中国消费者观看直播购买饰品频率

尽管有 24%的消费者认可直播可以作为饰品购买的新途径，但仍有将近五成的消费者认为金银饰品昂贵，对直播带货饰品保持谨慎态度。所以直播带货在选品时应该多选择价格实惠的流行饰品，例如现在被年轻人广为追捧的国潮饰品、民族风饰品等，如图 4-8-14 所示。(数据来源于艾媒网：2020 年中国大众饰品消费习惯调研分析)

图4-8-14　2020年9月中国消费者对饰品直播带货的态度

7. 饰品类选品技巧

(1) 客单价低

艾瑞咨询发布的《2020年中国直播电商生态研究报告》中提到，直播带货价格区间集中在200元以内，根据目前饰品行业几个直播大V的销售数据，爆款的客单价最多不超过200元，整体符合越便宜越好卖的规律。

(2) 国潮产品

对于现代年轻人而言，过去常常跟随日韩风潮，设计穿搭上盲目追求"洋"气，看似时尚，实则缺乏了一定的个性，没有彰显出我们中华民族儿女的朝气蓬勃之感。随着我国的民族文化逐渐被关注、支持，现如今国潮风尚成为了我国大众消费的新兴潮流，更成为了很多年轻消费者购买饰品的首选风格。

以"断剑男士吊坠"来说明。武侠一直是中国特有的流行文化，侠义精神是中华民族的精神特质。而侠客们行侠仗义必不能缺的就是兵器，其中最常见的就是刀剑。这个吊坠就是以一把折断、残刃的剑为元素，意为即使断掉的剑也可以继续战斗，表达的是剑已折断，剑心依然的侠客精神，如图4-8-15所示。

图4-8-15　断剑男士吊坠

再如"十二生肖吊坠"(如图 4-8-16),用的是中国古老神秘的图腾元素——饕餮纹设计。饕餮纹十二生肖吊坠带着庄严、凝重和神秘的艺术特色为我们呈现中华文化之美。

图4-8-16　十二生肖吊坠

"国潮风"饰品正当时。既能让传统文化走进生活,融入生活,又能向世界展示中国的独特风采和中国传统文化。

(3) 感知价格高

感知价格高的意思就是不管实际卖多少钱,这件商品看起来或者听起来要更值钱,并且预期价格和实际价格相差越大,卖得越好。

● 举例一:移花接木型,代表产品:合金镶钻(图4-8-17)。

0.5 分的钻石,加上合金链子,成本只有几十元。直播间主播通过一系列方式,将"原价"1000 元降价成 98 元,巨大的折扣力度,满足了粉丝低价买钻石的需求。

图4-8-17　合金镶钻钻石含量0.5分

● 举例二:转换概念型,代表产品:莫桑石

莫桑石是非常接近钻石的替代品,无论从外观,还是物理性质,非专业人士都看不出来。并且经过多年的市场教育,莫桑石已经逐渐走进大众视野,消费者佩戴时,心里也容易接受。更重要的是,莫桑石销售价格能控制在 100 元以内,还有一定的利润。现在的主播已经不称其为莫桑石,都称之为莫桑钻。

8. 饰品直播方式

饰品直播可以有两种直播方式：微距直播、近距直播。

微距直播：主播不露脸，画面以产品为主。可以更好地看到产品细节，如图4-8-18所示。

近距直播：这种方式可以更好地观看饰品佩戴效果，如图4-8-19所示。

图4-8-18　微距直播

图4-8-19　近距直播

9. 饰品直播间布光

饰品直播对于灯光的要求非常高，尤其是珠宝首饰只有在亮闪闪的时候才会让人心动，而一些质地通透的珠宝，更是要通过专门的灯光来打出效果。

饰品直播间的布光，重点就在饰品上，无论直播间的光线多么均匀，都要专门有一束光打到饰品上。除了日常拍摄主播需要的环形灯和柔光箱以外，可以增加专门给饰品打光的束光筒。通过束光筒汇聚的一道硬光打在珠宝上，才能让珠宝表面产生璀璨的反射，展现出闪闪亮亮的质感，如图4-8-20所示。

图4-8-20　饰品直播间整体灯光

饰品直播间的布光非常简单，桌上铺一块吸光植绒布做背景，黑色背景会让珠宝的光芒更亮眼。两支平板灯放置在珠宝前方夹角方向打光，平板灯柔和的光效才能实现均匀的无影打光，如图4-8-21所示。

图4-8-21 饰品布光

另外可以添加一台小射灯，布置在相机或手机这一侧，方便拍到反射的光线，两支平板灯打光过后，就能看到珠宝被均匀地打亮，显色也很好，这时打开小射灯，就能出现耀眼的星芒效果，如图 4-8-22 所示。

图4-8-22 小射灯照亮后的饰品

10. 饰品专场直播流程

(1) 在了解饰品的相关知识之后，按照小组成员的职责完成直播分工任务清单，任务清单是指导每位成员在规定的时间内完成或协同完成某项工作的规划。

任务分工表分为直播前准备、环境准备、直播现场，分别把每阶段的项目、内容、负责人、完成时间写清楚，并确定本场直播时间、主播、复播、运营、场控的人员名字。表 4-8-1 为示例表。

表4-8-1 任务分工表

环节	项目	内容	负责人	完成时间	备注
直播前准备	选品	完成选品清单	小明	6月16日	
	推广宣传	营销海报/视频	小李	6月16日	海报*2，视频*1
	直播策划	完成直播脚本	小芳	6月17日	
	……				

(续表)

环节	项目	内容	负责人	完成时间	备注
环境准备	直播场地物料	完成直播物料清单	小丽	6月16日	布置会场
	直播测试	完成直播前彩排	全体	6月18日	至少1次
	……				
直播现场	主播	完成整场直播带货	小李	6月18日	
	……				

开播时间：6月18日 20：00
主播：小李
副播：小丽
运营：小明
场控：小芳
观众入口(小程序二维码)：

(2) 负责选品的人员需要从产品质量、颜值、价格、话题等角度完成选品工作，制作选品清单及商品脚本。示例如图4-8-23所示。

选品属性	商品图片	商品名称	商品规格	市场零售价	直播间价格	优惠券设置	链接	二维码
印象款								
引流款		ZEGL法式复古爱心耳环	品牌：ZEGL 材质：合金 图案：爱心 风格：日韩 上市时间：2021年夏季	99	9.9			
盈利款		ZEGL设计师甜酷小熊耳环女冷淡风耳扣耳钉	品牌：ZEGL 材质：镀金 图案：小熊 风格：原创 上市时间：2021年夏季	299	99			

图4-8-23 选品清单

(3) 负责直播策划的人员和主播、副播协同完成直播互动活动设计和直播脚本编写，针对饰品专场直播活动设计抽奖、优惠券、发红包等互动环节，安排辅助展示物料清单。示例如图4-8-24和图4-8-25所示。

直播人员：小李、小丽　　　　　　　　　　　　　　　直播时间：20：00-21：00
直播主题：礼遇浪漫季 618饰品专场直播

事项模块	时间	时长（min）	选品	物料	互动环节	内容
预热开场	19：50-20：00	10	-	发送10分钟福袋		欢迎来到直播间的宝宝们，喜欢主播的可以上方点个关注，点点小红心
活动说明						
产品介绍						
……						

图4-8-24　直播脚本

直播时间：　　　　　　　　　　　　　　　　　物料存放地点：

选品名称	物料	数量	用途	状态	负责人	备注

图4-8-25　直播物料清单

(4) 负责广宣设计的人员按照选品完成直播海报及预热小视频的制作和平台宣传发布，示例如图4-8-26所示。

图4-8-26　直播宣传海报

🔔 任务准备

根据图 4-8-27 做好直播任务准备。

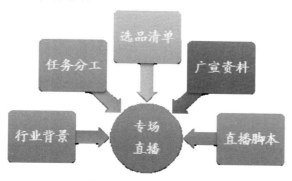

图4-8-27 直播任务准备

🔔 任务评价

根据完成情况会对本次直播最终的结果进行打分,评比表共分为五个维度,即直播流程、产品介绍、直播推广、主播表现、直播数据。每个维度 100 分,共计 500 分。

其中直播流程、产品介绍、主播表现、直播数据 4 个维度分为 10 个打分项,最高分都是 10 分;直播推广维度分为 5 个打分项,分值为 10~30 分不等,根据实际完成情况进行打分,如图 4-8-28 所示。

直播实训评比表

直播流程		产品介绍		直播推广		主播		直播数据	
评估事项	得分	评估事项	得分	评估事项	得分	评估事项	得分	评估事项	得分
欢迎语	10	需求引导	10	提前图文预热	20	语言流畅性	10	曝光量	10
福利预告	10	基础信息	10			声音是否洪亮利落	10	新增关注	10
引导互动、关注、诱惑	10	品牌渲染	10	直播当天短视频预热	20	语速较快、快慢结合	10	互动人数	10
产品预告	10	紧迫感	10			语气词频次	10	停留时长	10
引导互动、关注、诱惑	10	核心卖点	10	直播前1小时朋友圈预热	20	卡顿频次	10	商品点击数	10
产品1	10	稀缺感	10			表达起伏性	10	成交人数	10
引导互动、关注、诱惑	10	营销与报价	10	直播中直播间曝光量	10	表情≥3次/分钟	10	成交额	10
产品循环	10	售后保障	10			肢体动作≥5次/分钟	10	封面点击率	10
引导互动、关注、诱惑	10	火爆感	10	直播间人次	30	情绪表演≥1次/2分钟	10	互动率	10
下期预告	10	用户反馈	10			仪态是否稳	10		
直播流程总分:100		产品介绍总分:100		直播推广总分:100		主播总分:100		数据总分:100	

直播带货实训总分:500分

图4-8-28 直播实训评比表

🔔 任务操作

1. 任务分工表

填写表 4-8-2。

表4-8-2　直播任务分工表

环节	项目	内容	负责人	完成时间	备注
直播前准备					
环境准备					
直播现场					

开播时间：
直播：
副播：
运营：
场控：
客服：
观众入口(小程序二维码)：

2. 选品脚本

填写表 4-8-3。

表4-8-3　直播选品脚本

选品属性	商品图片	商品名称	商品规格	市场零售价	直播间价格	优惠券设置	链接	二维码
印象款								
引流款								
盈利款								
气质款								
高价款								

3. 直播物料清单

填写表4-8-4。

表4-8-4　直播物料清单

直播时间：
物料存放地点：

选品名称	物料	数量	用途	状态	负责人	备注

4. 直播脚本

填写表4-8-5。

表4-8-5　直播脚本

直播人员：　　　　　　　　　　　　　　　　直播时间：
直播主题：

事项模块	时间	时长(min)	选品	物料	互动环节	内容

5. 直播实训评比表

填写表4-8-6～表4-8-8。

表4-8-6　直播推广评分表

直播推广		
评估事项	满分	得分
提前图文预热	20	
直播当天短视频预热	20	
直播前一小时朋友圈预热	20	

(续表)

直播推广		
评估事项	满分	得分
直播中直播间曝光量	10	
直播间人次	30	
直播推广总分：100		

表4-8-7 直播流程产品讲解评分表

直播流程			产品介绍		
评估事项	满分	得分	评估事项	满分	得分
欢迎语	10		需求引导	10	
福利预告	10		基础信息	10	
引导互动、关注、吸引	10		品牌渲染	10	
活动预热	10		紧迫感	10	
引导互动、关注、吸引	10		核心卖点	10	
产品1	10		稀缺感	10	
引导互动、关注、吸引	10		营销与报价	10	
产品循环	10		售后保障	10	
引导互动、关注、吸引	10		火爆感	10	
下期预告	10		用户反馈	10	
直播流程总分：100			产品介绍总分：100		

表4-8-8 主播控场数据效果评分表

主播			直播数据		
评估事项	满分	得分	评估事项	满分	得分
语言流畅性	10		曝光量	10	
声音是否洪亮利落	10		新增关注	10	
语速较快、快慢结合	10		互动人数	10	
语气词频次	10		停留时长	10	
卡顿频次	10		商品点击数	10	
表达起伏性	10		成交人数	10	
表情≥3次/分钟	10		成单率	10	
肢体动作≥5次/分钟	10		成交额	10	
情绪表演≥1次/2分钟	10		封面点击率	10	
仪态是否稳	10		互动率	10	
主播总分：100			数据总分：100		

任务实践评价

项目设计与岗位工作对接,任务设置合理、具体,教学目标明确,符合专业培养标准,体现知识、能力、素质全面发展的理念。遵循职业教育规律,科学合理地设计教学过程,要体现与实训过程对接。

(1) 有明确具体的实训要求,严格执行安全、文明等规定,学生无违纪与事故发生。

(2) 教·学·练·做一体,体现工学结合等职业教育特色。

(3) 注重学生能力培养、创新意识培养,注重学生安全、文明、敬业、负责、诚信、守时、团队协作等职业素质的养成。

(4) 进行巡回检查,及时答疑、指导与讨论,注重启发、引导学生自学和思考。

填写表4-8-9中的各项内容。

表4-8-9 任务实践工单

任务实践工单					
时间:____年____月____日——____年____月____日					
专业名称			班级		
项目实训环节组织与实施	实训内容				
	工学项目				
	所属任务				
	知识技能点				
	操作流程				
评价与效果	评价标准	S	A	B	C	D
	学生表现评价					
	学习计划					
	任务目标					

任务4.9 生活洗护品类直播实战

任务背景

为帮助学员在直播实战中拥有更清晰的职业路径及实训目标，参与直播任务"洗护品类直播实战"，完成对应的任务流程，助力学员思维能力的进阶与成长，提升敬业精神、创新精神和较强实践能力，具备高效率职业适应能力和可持续发展的能力，成为复合型高素质技术技能型人才。职业能力清单如表 4-9-1。

"洗护品类直播"微课视频

表4-9-1 职业能力清单

职业能力清单			
授课日期		授课班级	
课程名称		工学项目	
教学目标	知识与技能、过程与方法		
教学重点	本节课的主要教学内容，列出教学关键点、内容及过程(侧重体现突出重点、突破难点的方法措施)		
教学环节	(该环节所处理的教学内容和组织形式)	教学时间	
练习环节	课堂练习的内容(教材题、练习册题、补充练习题等)	练习时间	
职业能力	对应学习目标	知识技能	熟练掌握知识点
补充练习	拓展资料、参考资料等(根据需要填写)		

任务目标

小组成员共同协力完成 1 小时生活洗护品类专场直播，要求完成以下资料：
(1) 直播分工任务单。
(2) 选品清单。
(3) 物料清单表、广宣海报、小视频。
(4) 直播脚本、物料清单。
(5) 本场直播总结汇报 PPT。

任务分析

1. 洗护产品品类知识

洗护用品是个人及家庭日常必备的护理用品，例如：美容美妆、个护健康、母婴用品，涵盖了不同定位的各类产品。洗护品类一般可以分为三大类：面部护理、身体清洁、口腔护理，如图 4-9-1 所示(数据来源：艾媒数据中心)。

很多电商厂家会按照使用场景及人群分为浴室洗护、母婴、儿童洗护等产品。在消费升级与多元的消费需求背景下，品牌商会围绕功能性概念吸引消费者购买，比如洗发水产品方面的防脱固发概念、牙膏产品方面美白概念、洗衣液产品护理的概念。很多消费者在选购商品时，外观性包装设计也是驱动力之一。

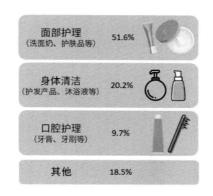

图4-9-1 洗护品分类

2. 洗护品类人群需求分析

(1) 购物习惯

根据产业竞争现状及发展趋势报告给出的数据：10.6%的洗护产品用户习惯用固定品牌的日用品，59.8%的用户偶尔会因推荐尝试购买新品牌的产品，通常消费者关注产品的功能和功效性(如衣护类产品能够抑菌除螨等)以及使用场景的多元化。图 4-9-2 给出了消费群体的购买渠道及消费决策。

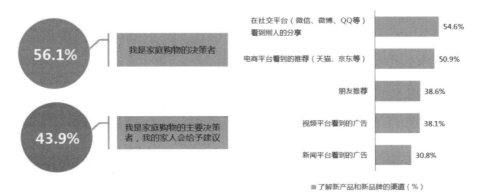

图4-9-2 消费群体的购买渠道及消费决策

衣物洗护产品消费者考虑更详尽，护衣需求更多样，除了去污、护色防串色、柔顺护衣料，多效也留香成为消费者选择衣物洗护产品品牌的关键因素，如图 4-9-3 所示(数据来源：CBNData 消费大数据)。

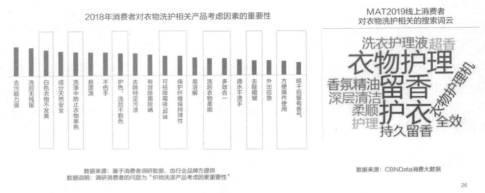

图4-9-3　2019年线上衣物洗护行业消费趋势报告

护发类商品用户呈现多样化需求且开始关注头皮健康，对于洗护产品的关注不只满足于基本的清洁功能，头发的保养护理理念开始得到重视。定期给头皮去角质，彻底清洁逐渐成为潮流，如图 4-9-4 所示。

图4-9-4　天猫洗发护发行业消费趋势洞察

(2) 年龄因素

90 后已成为购物决策者，他们更接受分享营销，56.1%的消费群体主要通过社交平台分享和电商推荐接触新产品。90 后在家庭购物中起决策因素，未来 5~10 年，90 后将成为快消品的主要消费群体。同时 90 后人群的互联网特性，社交平台的推荐、电商的推荐等都是其接触新产品/新品牌的主要渠道，很多品牌商关注年轻用户群体，将会从线下转移到线上构建营销渠道，形式上向直播/短视频方向偏移。

根据 2019 年线上衣物洗护行业消费趋势报告(数据来源：CBNData 消费大数据)，衣护类商品年轻消费者更爱"轻量型"消费，家庭型消费者热衷"囤货式"消费。90 后和 95 后的年轻消费者偏好 3L 以下的单笔洗衣液交易容量，其他家庭型消费者则偏好 8L 以上的单笔洗衣液交易容量，如图 4-9-5 所示。

护衣品类消费上涨，不同年龄层消费者对不同的衣物护理品类偏好各异。随着消费者对衣物护理的关注更加深入，衣物护理相关品类的消费均在上涨。90 后和 95 后更偏好留香珠、70

后且 75 前偏好衣物柔顺剂，其他代际则偏好洗衣凝珠。如图 4-9-6 所示为洗护类消费者需求。

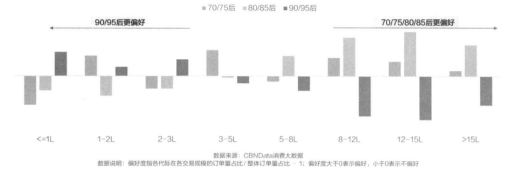

图4-9-5　洗护类消费者需求

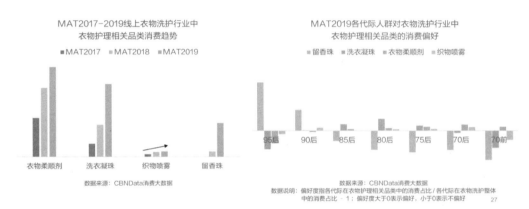

图4-9-6　洗护类消费者需求

尽管 90 后和 95 后占比近 4 成，是线上衣物洗护的主力人群，但 80 后和 85 后依然是线上衣物洗护的高消费力人群；女性消费者占比近七成；低线级城市人数占比逐年上升。女性在快消品消费决策中的考虑因素更加周全，在产品质量、保质期、功效、卫生等方面占比均超过男性；而男性在快消品的品牌、产地因素方面占比高于女性；在促销手段上女性对折扣与体验试用的接受度远超男性，男性则对抽奖、会员积分等互动手段更为关注，如图 4-9-7 所示(数据来源：CBNData 消费大数据)。

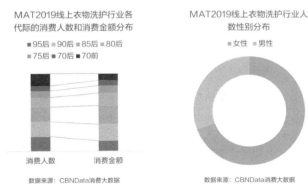

图4-9-7　洗护类消费者需求

根据天猫洗护发行业消费趋势洞察报告：护发类商品中，90后、95后是防脱护发用品的主要消费群体，护发消费金额增速前三的功效中有两个都与防脱固发有关。据统计，目前大众脱发问题较为严重，每6个人中就有1人出现脱发症状，国内整体脱发人群超过2.5亿。分年龄段来看，一半以上的防脱护发用品是由90后、95后购买，占比高于其他群体人数的占比，体现年轻人对掉发远高于其他群体的焦虑，如图4-9-8所示。

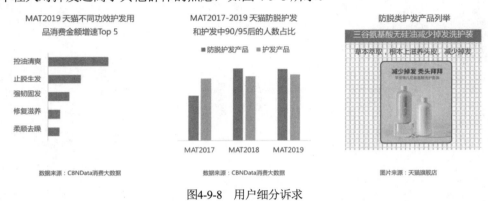

图4-9-8　用户细分诉求

3. 洗护产品消费观念

(1) 消费场景偏好

在消费场景选择上，淘宝、京东等综合类电商平台集中了用户绝大部分的线上消费需求，占比达94.04%，其次是社交平台、新媒体(短视频/直播平台)也瓜分了一部分的电商市场，如图4-9-9所示。

线下场景消费用户倾向大型超市，占比达到65.09%，大型超市由于其种类齐全、管理规范等优势成为下沉用户的快消品线下消费场景首选。

图4-9-9　用户消费场景选择

(2) 品牌偏好

31~40岁的中年人群普遍会综合考虑品牌与价格因素后再进行购买，现在更加明显，占比达到69.97%。40岁以上人群快消品购买自由度更高，选择"随便买，不考虑品牌和价格"的占比在各年龄段里最高，达到15.2%，如图4-9-10所示。

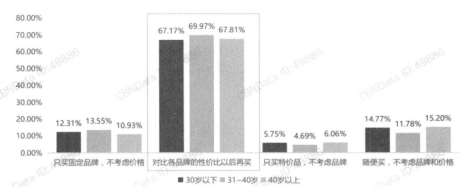

图4-9-10　用户价格品牌偏好

(3) 消费者观念转变，更追求高品质和高效率

经济的发展和可支配人均收入的提高使消费者更加追求高品质和高效率的生活，“品质人群”的消费观使得消费者更加注重品质和体验，对于高性价比有一定的要求，如图 4-9-11 所示。

数据来源：艾媒咨询《2018中国新消费专题研究报告》

2018年中国品质人群消费观认同情况调查			
宁愿多花钱购买高品质商品，也不买会给自身带来麻烦的商品	41.7%	提倡环保并身体力行	29.4%
愿为更好服务和体验花费更多	40.3%	愿为更高效率花费更多	28.0%
非常注重商品质量表现	37.9%	注重产品外观及设计风格	27.5%
购买符合自身个性的产品	30.8%	更相信一分钱一分货	26.5%

数据来源：艾媒咨询《2018中国新消费专题研究报告》
数据说明：样本N=1527，调研时间为2018年9月

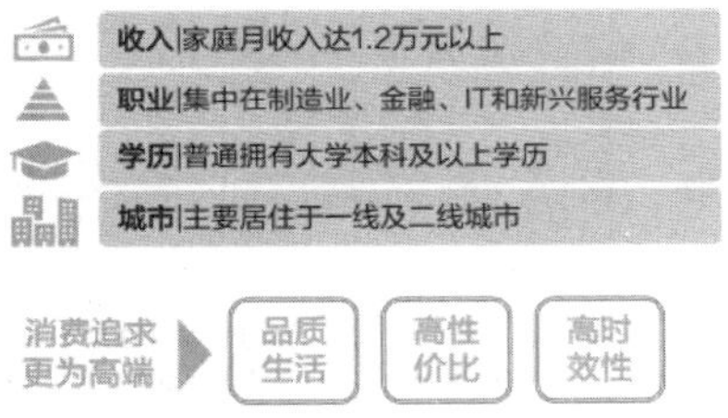

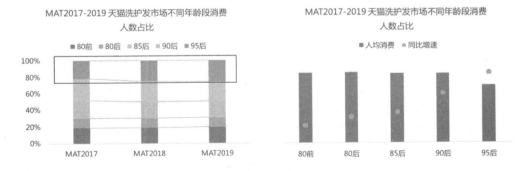

图4-9-11　用户消费观念升级

根据天猫洗护发行业消费趋势洞察报告中的数据，用户消费支出中“85 前”人均消费较高，天猫数据显示“95 后”在洗护发品类的消费人数激增，已经成为线上天猫洗护发最多的消费人群，如图 4-9-12 所示。

图4-9-12　护发类产品消费占比

(以上资料来源于：CBNData 消费大数据)

4. 洗护品类产品消费结构

CCSight 在 2020 年 1 月 1 日至 5 月 31 日对短视频&新媒体营销中心数据源的调研，及 4—5 月对抖音短视频、快手直播带货生态的研究，如图 4-9-13 所示。

快手：75%的洗护类商品价格低于 60 元。在快手平台，其中价格处于 20～60 元的商品数量占比最高，达 40%。消费决策上也是用户心理价位。

抖音：约 40%的洗护类商品价格处于 20～60 元区间，热销商品的主要价格区间在 20～60 元区间。超过 8 成的洗护类商品价格在 100 元以下，可以推测 100 元是内容电商"冲动消费"的价格边界。

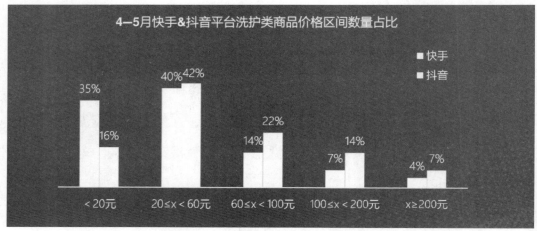

图4-9-13　2020年1月—5月洗护品价格数据

洗护品类中抖音直播数据显示售卖量最好的产品如图 4-9-14 所示。

沐浴露、洗衣液在洗护单品中数量占比最高。1—5 月期间，沐浴露、洗衣粉/皂/液在 30 类洗护单品中数量占比稳居前二，洗发水从 3 月开始出现在洗护单品数量占比前 4，并在 5 月冲上前 3，占比达 9.4%，逐步稳定在第三梯队。

1—5月抖音平台洗护单品数量占比Top 5

排序	1月		2月		3月		4月		5月	
1	沐浴露	9.4%	洗衣粉/皂/液	10.4%	洗衣粉/皂/液	10.6%	沐浴露	11.8%	沐浴露	11.3%
2	洗衣粉/皂/液	8.9%	沐浴露	9.7%	沐浴露	10.4%	洗衣粉/皂/液	9.9%	洗衣粉/皂/液	10.4%
3	牙刷	8.9%	牙膏/牙粉	8.5%	牙膏/牙粉	9.0%	牙刷	9.4%	洗发水	9.4%
4	洗护套装	7.7%	牙刷	8.3%	洗发水	8.5%	洗发水	7.5%	牙刷	8.7%
5	身体乳	7.4%	身体乳	8.2%	牙刷	8.5%	牙膏/牙粉	6.6%	牙膏/牙粉	8.1%

*数据来源：CCSight

图4-9-14　短视频电商洗化单品占比(1)

洗护品类中快手数据显示售卖量最好的产品如图 4-9-15 所示。

快手：牙膏在洗护单品中数量占比最高。4—5月洗发水、牙刷稳居快手平台洗护单品数量占比前3；在洗发护发单品中，洗发水、护发素/发膜、发箍/发夹的数量占比较高。因此直播选品时可以参照平台热卖数据进行选品。

4—5月快手平台洗护、洗发护发单品数量占比Top 5

洗护单品				洗发护发单品			
排序	4月		5月	排序	4月		5月
1	牙膏	17.7%	牙膏 17.5%	1	洗发水	40.9%	洗发水 38.7%
2	洗发水	14.8%	洗发水 15.2%	2	护发素/发膜	26.7%	护发素/发膜 28.3%
3	牙刷	14.4%	牙刷 11.4%	3	发箍/发夹	11.8%	发箍/发夹 15.6%
4	护发素/发膜	9.7%	护发素/发膜 11.1%	4	染发	9.9%	染发 7.9%
5	洗衣粉/液/皂	8.8%	洗衣粉/液/皂 7.6%	5	洗护套装	8.0%	洗护套装 6.7%

*数据来源：CCSight

图4-9-15 短视频电商洗化单品占比(2)

5. 洗护品类用户画像

(1) 人群分析

艾媒咨询数据显示，生活洗护品类中护发商品购买中"80后""90后"女士是头发洗护产品线上的消费主力，如图4-9-16所示。

中国线上头发洗护用品按年龄性别销售额分布
Sales Distribution of Online Hair Care Products in China by Age and Gender

品类	19-22岁		23-28岁		29-35岁		36-50岁		51-70岁	
	男	女	男	女	男	女	男	女	男	女
洗发水	5.0%	12.0%	9.0%	21.0%	9.0%	18.0%	8.0%	15.0%	1.0%	2.0%
护发素	3.0%	14.0%	6.0%	25.0%	6.0%	20.0%	5.0%	17.0%	1.0%	2.0%
洗护套装	4.0%	12.0%	8.0%	24.0%	7.0%	21.0%	6.0%	15.0%	1.0%	2.0%

中国线上头发洗护用品按年龄层人数分布
Distribution of Online Hair Care Products by Age Group

	19-22岁	23-28岁	29-35岁	36-50岁	51-70岁
洗发水	21.0%	31.0%	25.0%	21.0%	2.0%
护发素	21.0%	31.0%	24.0%	21.0%	3.0%
洗护套装	16.0%	33.0%	28.0%	21.0%	2.0%

数据来源：CBNData, iiMedia Research（艾媒咨询）

图4-9-16 人群分析

天猫数据也指出女性消费者是主力，男性在洗发和造型上相对占比高于护发，线上数据显示洗护发市场女性消费者在人数占比和人均消费金额上均高于男性。不同性别人群在不同品类的人数占比差异较大，男性在洗发和美发造型产品的占比高于在护发造型产品的占比，如图4-9-17所示。

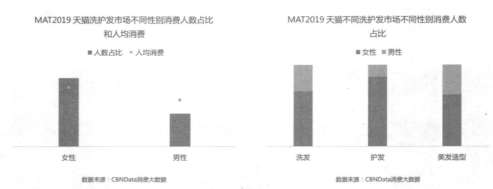

图4-9-17 人群画像

(2) 地域分析

一线城市最重视洗护发，二三四线城市是天猫洗护发市场的主力消费人群。该市场的城市消费人数增速较高，消费市场整体略有下沉趋势，如图 4-9-18 和图 4-9-19 所示(数据来源：CBNData 消费大数据)。

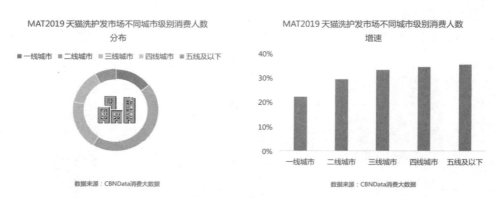

图4-9-18 洗护产品地域排名

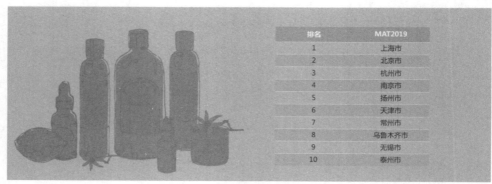

图4-9-19 洗护产品消费城市排名

6. 洗护用品行业数据分析

艾媒咨询数据显示，全球个人洗护电商市场销售额预计在未来 5 年内会持续增长，随着消费市场的升级，洗护市场到 2023 年将达到 1816.0 亿美元，市场空间广阔，由此说明全民洗护意识增强，洗护快消品在居民中占重要地位，是居民消费金额频次最高的项目，越来越多的厂商迎合消费升级，整合全品产业链提升消费者体验，如图 4-9-20 所示。

图4-9-20　电商洗护市场销售额

艾媒咨询数据显示，直播电商用户消费最多的三类商品是日用品、服装和美食，其中日用品占比 63.3%。这说明用户在选择直播电商购买商品的时候，主要是为了满足生活的刚需。以直播的方式带给用户一种专业导购式体验，节约了用户购物成本，顺应了消费下沉趋势，节约了部分商家的获客成本，提高了产品增长能力，如图 4-9-21 所示。

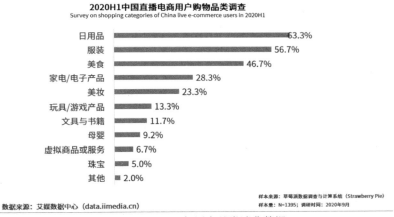

图4-9-21　2020年用户品类消费数据

7. 洗护产品选品技巧

直播带货的选品思路：

(1) 选择复购率高的产品，抓住复购潜力，这类产品多为小而轻便的产品，集中在个护、洗护用品方面，属于消费者频繁购买的产品。

(2) 选品时多考虑性价比高的产品。目前整体市场的高性价比主要体现在市场需求量较大的产品。其次，产品功能性、外观性也是直播售卖的卖点之一。

(3) 侧重刚需产品，更符合消费者需求，针对客观市场环境进行产品推广，满足市场的需求。例如：免洗手液，可以提升消费者购物体验。

（4）产品多样化。价格尽量控制在百元以内，视频带货与日常购买商品不同，表现在价格是影响用户购买的一个重要因素。

一场直播短则两个小时，长则五个小时，主要围绕下列模型进行选品。

- 印象款：促成直播间首笔交易的产品。只有在第一次交易后，粉丝们才会对主播或直播间留下印象，下次再来看直播的可能性才会增加。印象款选择洗护品类中高性价比、低单价、刚需类常规品。如牙刷、清洁面巾等商品直观性强，可以现场拆包展示或体验。
- 引流跑量款：这一类的产品实则是支撑整个直播间销量的产品，要突出性价比优势。一个直播间可以设置多个跑量款，设置时依据直播间引流商品定价和组合设置。例：
  亏钱：1元促销商品，可以是各种爆款产品。
  平价：19.9～39.9元的平价商品。
  利润：50～100元的利润商品，送超值赠品。

根据直播时长进行选品设计，一小时直播选品如下：

1元促销爆款产品3款，19.9元～39.9元平价商品5款，79.9元利润商品1款，穿插售卖。

8. 洗护品类直播方式

直播形式上，洗护品类展示类型按照坐姿半身景进行直播，主播面对镜头时，可采用仰视、俯视、平视这三个角度，一定不要用俯视，也就是让观众仰视你，这样会产生距离感、压迫感，观众会很快离开直播间。直播间各种展示类型如图4-9-22所示。

洗护产品的排列以及摆放一定要放在镜头前，直播时主播必须选择离镜头1～2m的距离，主要是为了能更好地展示产品，同时也能展示主播的一些肢体语言。

图4-9-22　直播间展示类型

直播内容方式上可以采用两种类型，此处以直播个护产品为例来说明。

第一种直播方式，着重介绍产品卖点（规格、成分、产地、效果）。围绕卖点突出产品功效及适用场景，借助活动红包补贴转化用户，如图4-9-23所示。

第二种直播方式，演示产品，介绍其使用方法，并且试用展示(颜色、浓度、质地、使用感受)，详细介绍用途、适合肤质、材质成分、使用感，如图4-9-24所示。

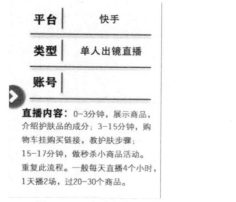

图4-9-23 卖点解析

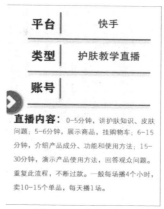

图4-9-24 测评介绍

两者的区别在于，前者不试用，后者深度试用＋评测。

9. 直播间布置

(1) 背景及产品排列

直播间背景应该保持干净整洁，避免太过花哨/杂乱影响产品或主播展示，放一个广告牌或品牌logo就可轻松提升直播间品质。直播间的背景色彩应尽量使用可以降低曝光，视觉舒适，能突出商品和主播的灰色系或浅色系。直播间背景设置要点如图4-9-25所示。

图4-9-25 直播间背景设置

(2) 灯光及道具

直播洗护品类时灯光布局的分类有很多，一方面光源、光照角度、亮度、色温这些类别的不同组合会使直播产生各不相同的效果和作用。可以从主灯、补光灯、辅助背景等进行灯光布置，打造出干净又柔和的感觉，如图4-9-26所示。

主灯是映射外貌和形态的主要光线，承担起主要照明的作用，可以使主播脸部受光匀称，是灯光美颜的第一步。主灯通常以冷色调的灯光为主，主灯可以是房间的 LED 灯。

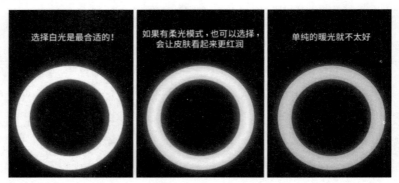

图4-9-26　灯光调节

补光灯分为反光灯和面部补光灯两种。反光灯从侧面照射墙面，再折回脸部，这样灯光就没那么硬，看起来会舒服一些。补光灯要反向照射到正对着主播正面的墙，然后结合使用反光板，反光板漫反射的暖光会让主播的气色看起来更好。

直播间尽量使用散光源，避免光线直射，曝光影响直播画面效果。前置的补光灯和辅灯尽量选择可以调节光源的灯，自己调节光源强度，更能达到比较好的灯光状态。基本布光包括冷光和暖光，二者结合，布置适合自己的直播间光线，如图 4-9-27 所示。

图4-9-27　直播间布光

为面部补光一般使用圆环形的补光灯，可以直对着脸，但是亮度的设置要注意，因为过于亮的光线可能会造成镜头里脸部过渡曝光。补光灯最好选择冷光，避免受灯光影响而脸部发黄，同时整体的冷色光源会让镜头里的皮肤看起来更透澈，如图 4-9-28 所示。

道具方面除了配备主题道具(商品)设备，还要准备辅助道具(如小黑板、秒表、计算器或 ipad)，帮助用户计算优惠价格，让粉丝由价格对比获优惠的心态。

图4-9-28　圆形灯支架

10. 洗护品专场直播流程

(1) 了解洗护品类的相关知识之后，按照小组成员职责完成直播分工任务清单，任务清单是指导每位成员在规定的时间内完成或协同完成某项工作的规划。

任务分工表一般包括直播前准备、环境准备、直播现场，分别把每阶段的项目、内容、负责人、完成时间写清楚，并确定该场直播的时间、主播、复播、运营、场控的人员名字，其示例如表4-9-2所示。

表4-9-2 任务分工表

环节	项目	内容	负责人	完成时间	备注
直播前准备	选品	完成选品清单	小明	6月16日	
	推广宣传	营销海报/视频	小李	6月16日	海报*2，视频*1
	直播策划	完成直播脚本	小芳	6月17日	
	场控	直播安排	小芳	6月17日	
环境准备	直播场地物料	完成直播物料清单	小丽	6月16日	布置会场
	直播测试	完成直播前彩排	全体	6月18日	至少1次
	……				
直播现场	主播	完成整场直播带货	小李	6月18日	
	……				

开播时间：6月18日 20：00

主播：小李

副播：小丽

运营：小明

场控：小芳

客服：小赵

观众入口(小程序二维码)：

(2) 负责选品的人员需要从产品卖点、颜值、价格、话题等角度完成选品工作，制作选品清单及商品脚本，示例如表4-9-3所示。

表4-9-3　商品资料表

洗护商品资料表										
序号	供应商款号	款式图片	款式说明	类别	颜色	直播价	零售价	卖点	成份	规格
1	19008#		沐浴露	个护		98	130	买一送一朴沐浴露持久留香奶油沐浴液氨基酸扑男女朴研香		350ml
2	19008#		精华液	个护		120	150	植物精华美颜霜美白祛斑精华液霜产品早日霜晚霜套装保湿		15ml

(3) 负责直播策划的人员和主播、副播协同完成直播互动活动设计和直播脚本编写，针对饰品专场直播活动设计抽奖、优惠券、发红包等互动环节，安排辅助展示物料清单。示例表如表4-9-4和表4-9-5所示。

表4-9-4　直播间脚本表

直播人员：小李、小丽　　　　　　　　　　　　　直播时间：20：00-21：00

直播主题：618 洗护类专场直播

事项模块	时间	时长（min）	选品	物料	互动环节	内容
预热开场	19：50-20：00	10	-	发送10分钟福袋		欢迎来到直播间的宝宝们，喜欢主播的可以上方点个关注，点点小红心
活动说明						
产品介绍						
……						

表4-9-5　直播物料表

直播时间：　　　　　　　　　　　　　　　　物料存放地点：

选品名称	物料	数量	用途	状态	负责人	备注

(4) 负责直播场控的人员把控好直播现场流程，完成时间节点规划，协助主播、副播做好直播安排。示例表如表 4-9-6 所示。

表4-9-6 直播流程表

直播安排							
XX直播间（首次关注主播领取10元无门槛优惠券）每5分钟飘屏一次							
直播时间17:00-18:00；（一个小时）							
主题《护肤小知识让你回归自然皮肤》							
时间段	主讲	内容	目的	商品介绍	时段销售指标	时段在线人数	备注
17:00-17:15	XX	预告今天主要讲解内容及优惠活动	热场铺垫	全部	0	0	
17:15-xxx	XX	无门槛当天使用券抽取2名	活跃气氛	无	0	100	
xx:xx-xx:xx	XX	补水小窍门讲解	引入产品	XXX套盒	0	200	
xx:xx-xx:xx	XX	代入补水产品进行讲解	讲解产品	XXX套盒	500	400	
xx:xx-xx:xx	XX	直播奖品抽取并引导转发	裂变	无	0	600	
xx:xx-xx:xx	XX	控油小窍门讲解	引入产品	YY套盒	0	600	
xx:xx-xx:xx	XX	代入控油产品进行讲解	讲解产品	YY套盒	500	800	

(5) 负责广宣设计的人员按照选品完成直播海报及预热小视频的制作和平台宣传发布，如图 4-9-29 所示。

图4-9-29 直播宣传海报

任务准备

根据图 4-9-30 做好直播任务准备。

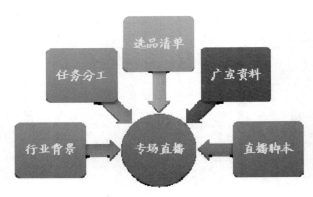

图4-9-30　直播任务准备

任务实践评价

根据完成情况对本次直播最终的结果进行打分，评比表共分为五个维度，即直播流程、产品介绍、直播推广、主播表现、直播数据。每个维度100分，共计500分。

其中直播流程、产品介绍、主播表现、直播数据的每个维度分为10个打分项，最高分都是10分；直播推广维度共5个打分项，分值为10～30分，根据实际完成情况进行打分，如图4-9-31所示。

直播实训评比表

直播流程		产品介绍		直播推广		主播		直播数据	
评估事项	得分	评估事项	得分	评估事项	得分	评估事项	得分	评估事项	得分
欢迎语	10	需求引导	10	提前图文预热	20	语言流畅性	10	曝光量	10
福利预告	10	基础信息	10			声音是否洪亮利落	10	新增关注	10
引导互动、关注、诱惑	10	品牌宣染	10	直播当天短视频预热	20	语速较快、快慢结合	10	互动人数	10
产品预告	10	紧迫感	10			语气词频次	10	停留时长	10
引导互动、关注、诱惑	10	核心卖点	10	直播前1小时朋友圈预热	20	卡顿频次	10	商品点击数	10
产品1	10	稀缺感	10			表达起伏性	10	成交人数	10
引导互动、关注、诱惑	10	营销与报价	10	直播中直播间曝光量	10	表情≥3次/分钟	10	成单率	10
产品循环	10	售后保障	10			肢体动作≥5次/分钟	10	成交额	10
引导互动、关注、诱惑	10	火爆感	10	直播间人次	30	情绪表演≥1次/2分钟	10	封面点击率	10
下期预告	10	用户反馈	10			仪态是否稳	10	互动率	10
直播流程总分：100		产品介绍总分：100		直播推广总分：100		主播总分：100		数据总分：100	

直播带货实训总分：500分

图4-9-31　直播实训评比表

任务操作

1. 任务分工表

填写表4-9-7中的各项目。

表4-9-7　直播任务分工表

环节	项目	内容	负责人	完成时间	备注
直播前准备					

(续表)

环节	项目	内容	负责人	完成时间	备注
环境准备					
直播现场					

开播时间:

直播:

副播:

运营:

场控:

客服:

观众入口(小程序二维码):

2. 选品脚本

填写表4-9-8的各项目。

表4-9-8 直播选品脚本

选品属性	商品图片	商品名称	商品规格	市场零售价	直播间价格	优惠券设置	链接	二维码
印象款								
引流款								
盈利款								
气质款								
高价款								

3. 直播物料清单

填写表 4-9-9 的各项目。

表4-9-9 直播物料清单

直播时间：
物料存放地点：

选品名称	物料	数量	用途	状态	负责人	备注

4. 直播脚本

填写表 4-9-10 的各项目。

表4-9-10 直播脚本

直播人员：　　　　　　　　　　　　　　　　　　　直播时间：
直播主题：

事项模块	时间	时长(min)	选品	物料	互动环节	内容

5. 直播实训评比表

填写表 4-9-11～表 4-9-13 中的各项目。

表4-9-11 直播推广评分表

直播推广		
评估事项	满分	得分
提前图文预热	20	
直播当天短视频预热	20	
直播前一小时朋友圈预热	20	

(续表)

直播推广		
评估事项	满分	得分
直播中直播间曝光量	10	
直播间人次	30	
直播推广总分：100		

表4-9-12　直播流程产品讲解评分表

直播流程			产品介绍		
评估事项	满分	得分	评估事项	满分	得分
欢迎语	10		需求引导	10	
福利预告	10		基础信息	10	
引导互动、关注、吸引	10		品牌渲染	10	
活动预热	10		紧迫感	10	
引导互动、关注、吸引	10		核心卖点	10	
产品1	10		稀缺感	10	
引导互动、关注、吸引	10		营销与报价	10	
产品循环	10		售后保障	10	
引导互动、关注、吸引	10		火爆感	10	
下期预告	10		用户反馈	10	
直播流程总分：100			产品介绍总分：100		

表4-9-13　主播控场数据效果评分表

主播			产品介绍		
评估事项	满分	得分	评估事项	满分	得分
语言流畅性	10		曝光量	10	
声音是否洪亮利落	10		新增关注	10	
语速较快、快慢结合	10		互动人数	10	
语气词频次	10		停留时长	10	
卡顿频次	10		商品点击数	10	
表达起伏性	10		成交人数	10	
表情≥3次/分钟	10		成单率	10	
肢体动作≥5次/分钟	10		成交额	10	
情绪表演≥1次/2分钟	10		封面点击率	10	
仪态	10		互动率	10	
主播总分：100			数据总分：100		

🔔 任务实践评价

项目设计与岗位工作对接，任务设置合理、具体，教学目标明确，符合专业培养标准，体现知识、能力、素质全面发展的理念。遵循职业教育规律，科学合理设计教学过程，要体现与实训过程对接。

(1) 有明确具体的实训要求，严格执行安全、文明等规定，学生无违纪与事故发生。

(2) 教·学·练·做一体，体现工学结合等职业教育特色。

(3) 注重学生能力培养、创新意识培养，注重学生安全、文明、敬业、负责、诚信、守时、团队协作等职业素质的养成。

(4) 进行巡回检查，及时答疑、指导与讨论，注重启发、引导学生自学和思考。

填写表 4-9-14。

表4-9-14　任务实践工单

任务实践工单					
时间：＿＿＿年＿＿月＿＿日——＿＿＿年＿＿月＿＿日					
专业名称			班级		
项目实训环节组织与实施	实训内容				
	工学项目				
	所属任务				
	知识技能点				
	操作流程				
评价与效果	评价标准	S	A	B	C	D
	学生表现评价					
	学习计划					
	任务目标					

任务4.10　3C数码家电品类直播实战

🔔 任务背景

为帮助学员明确职业规划，注重培养学员自身发展，通过"3C数码家电品类直播实战"，使学员掌握电商运营环节及规律，加深认识和理解，能够熟练掌握直播营销的方法与原理，以实践的训练为起点引导学员逐步向更高层次过渡，为今后进一步学习打下坚实基础。职业能力清单如表4-10-1。

"3C家电实战"微课视频

表4-10-1　职业能力清单

职业能力清单			
授课日期		授课班级	
课程名称		工学项目	
教学目标	知识与技能、过程与方法		
教学重点	本节课的主要教学内容，列出教学关键点、内容及过程(侧重体现突出重点、突破难点的方法措施)		
教学环节	该环节所处理的教学内容和组织形式	教学时间	
练习环节	课堂练习的内容(教材题、练习册题、补充练习题等)	练习时间	
职业能力	对应学习目标	知识技能	熟练掌握知识点
补充练习	拓展资料、参考资料等(根据需要填写)		

🔔 任务目标

小组成员共同协力完成1小时3C数码小家电类专场直播，要求完成以下资料：
(1) 直播分工任务单。
(2) 选品清单。
(3) 物料清单表、广宣海报、小视频。
(4) 直播脚本、物料清单。
(5) 本场直播总结汇报PPT。

🔔 任务分析

1. 3C数码家电品类知识

3C产品是指计算机、通信和消费类电子产品三者结合，亦称"信息家电"，包含多个品类市场。品牌厂家按照消费者生活工作场景进行需求功能细分,依据产品特性、市场分类标准、消费者认知程度,将家电数码类产品分为三类,具体分类如下。

- 传统家装类电器:包含电视、冰箱、空调、洗衣机等产品。
- 品质生活类电器:包含吸尘器、除螨仪、空气净化器、新风系统、净水器、扫地机器人、智能加湿器等产品。
- 消费电子类电器:包含手机、耳机、音箱、智能手环、智能手表、VR/AR设备、游戏机、体感车/平衡车、无人机、智能机器人、单反/数码相机/摄像机、电脑/笔记本/平板电脑等品类及相关配件产品,如图4-10-1所示(数据来源:艾瑞咨询)。

图4-10-1　品类概况

2. 3C数码家电人群需求分析

50/60 群体主要购买传统类电器,一般根据生活需求购买,包括家装电器、电饭煲、手机等,对新型电器需求较低,保健电器是首选需求,如图 4-10-2 所示(数据来源:艾瑞咨询)。

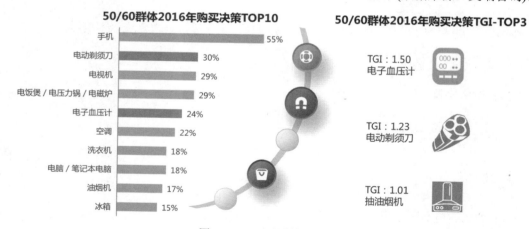

图4-10-2　50/60群体兴趣需求

70/80群体对各类产品购买决策均有较大的主导力,关注能提高生活品质类的家庭型电器,如图4-10-3所示(数据来源:艾瑞咨询)。

90群体关注娱乐休闲、生活品质类电器,偏好新型智能产品,比较关注个人休闲类产品,是新型商品、美容电器和母婴电器的购买主力,如图4-10-4所示(数据来源:艾瑞咨询)。

00后群体参与购买的基本都是消费电子类产品和智能相关产品。00后对智能产品和游戏类商品购买决策力度突出,关注点在消费电子类、智能化产品上,对智能电子产品有较高需求。

另一方面00后对新产品的兴趣也促进了智能产品需求,如图4-10-5所示(数据来源:艾瑞咨询)。

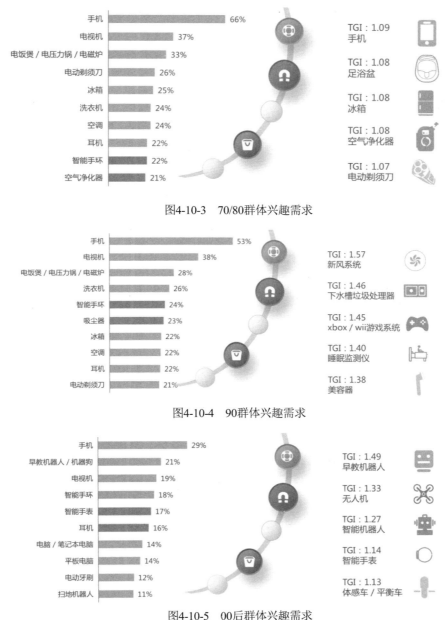

图4-10-3　70/80群体兴趣需求

图4-10-4　90群体兴趣需求

图4-10-5　00后群体兴趣需求

3. 3C数码家电用户消费观念

(1) 消费观念上各年龄段的购买动机和关注的产品特性呈现差别化，年轻群体对智能化这一新概念更为关注，将成为未来市场主流，同时对品牌的关注度较高。线上平台直播购买，成为获取产品信息和进行购买的主要渠道，同时在价格、支付方式、产品功能介绍等方面获得的客户满意度高于线下平台。消费者最看中售后服务保障、购物便利性、商品价格和质量，如图 4-10-6 所示(数据来源：艾瑞咨询)。

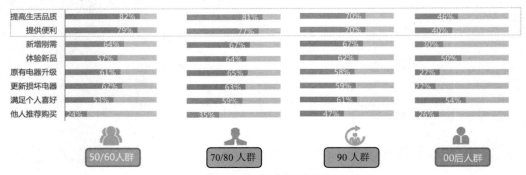

图4-10-6 用户购买原因

(2) 消费电子、休闲娱乐产品受年轻人青睐，而传统型消费电子产品呈各年龄段普遍配置，网民群体对新兴事物接受程度提高；消费升级趋势显现，在消费过程中更追求品质、个性、服务体验等因素，消费模式呈现多元化发展，80/90 年轻人成长为社会主力消费群，对产品多样性要求更为丰富。

从图 4-10-7 的数据来看(数据来源：艾瑞咨询)，手机仍为消费类电子中购买率最高的产品，智能手环超过电脑成为购买率第二的产品；手机、电脑、音箱等传统消费电子的购买没有较大的年龄差距，但在如智能手环、平板电脑、VR/AR 智能设备、体感车等新型消费电器上，年轻群体的购买率明显偏高，说明年轻群体愿意为个人业余爱好买单。

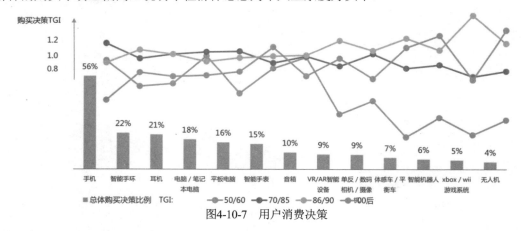

图4-10-7 用户消费决策

4. 3C数码家电产品消费结构

消费由生存型向享受与发展型消费过渡。

在消费者购买行为中，提升生活便利度和品质感为主要动机。随着互联网+的不断深入，对于数码家电消费产品的购买用户来说，除了产品的性能、价格等因素，新品类、新功能也是消费者需求新热点，如图4-10-8所示。

- 消费结构从生存型向发展型升级转变，购物动机不再仅为满足刚需。
- 消费者对品质与个性诉求增强，愿意为高品质、个性化的产品支付溢价。
- 商家根据需求完善到位的产品服务及卖点已成为不可或缺的营销元素。

图4-10-8　消费结构产生的因素

5. 3C数码家电用户画像

购买过程中，女性购买者的决策程度较男性更高，在家用电器方面尤为明显，提升生活便利度和品质感为主要动机。而男性购买者在消费电子和智能化产品上的购买决策程度略高于女性购买者。

从图4-10-9的人群属性来看(数据来源：艾瑞咨询)，对男性购买家电决策的TGI(target group index，目标群体指数)进行排序，可看出男性购买决策TGI占比较高的家电数码以数码及智能产品为主，且娱乐休闲品类较多，购买动机突出显示在产品升级和体验新品，而购买时关注实用和耐用，体现了男性追求功能、便捷的特性。

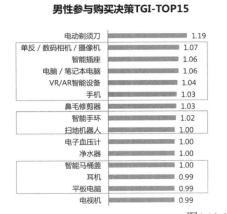

图4-10-9　男性购买动机

图 4-10-10 对女性购买家电决策的 TGI 进行排序,可看出女性购买决策 TGI 占比较高的家电数码以厨房产品为主,购买动机突出在体验新品和个人爱好,而购买时关注材质和品牌,且女性 TGI 整体偏高,体现了女性喜爱购物、选择谨慎的特性。

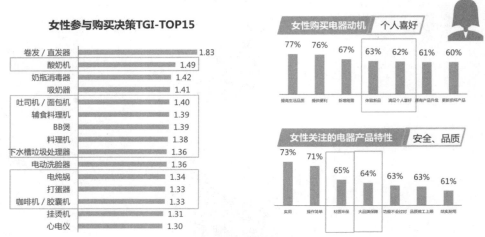

图4-10-10　女性购买动机

6. 3C数码家电产品数据分析

电商销售数据显示手机是行业大盘,3C(手机)配件市场潜力巨大,互联网跨界制造高性价家电,完美匹配年轻人追新消费需求的心理。互联网企业凭借互联网与生俱来的连接属性,不断通过资源整合跨界竞争,如小米在电视、投影以及生活电器等品类中已诞生出亮点产品;传统家电企业在互联网企业搅局后亦不甘落后,在自身深厚的技术积累基础上将产品智能化,借力互联网技术手段进一步提升用户产品体验,如图 4-10-11 所示。

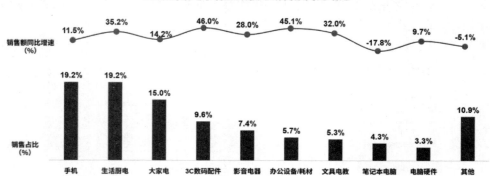

图4-10-11　3C数码家电销售占比及增速

(数据来自于ECdataway,覆盖平台:天猫,时间:2020年&2021年的1~2月)

中国电子信息产业发展研究院的《2020 上半年中国家电市场报告》显示,我国线上家电产品零售额为 1913 亿元,同比增加 7.23%,线上渠道占整体家电零售额的比例达 51.84%。

智能手机在线零售渠道销量将在 2020 年全球智能手机总销量中占 28%，比 2019 年的 24% 上涨 4%。线上零售，被行业寄予厚望，并实现了大幅增长。根据研究报告，包括手机、耳机、电脑、黑电、白电在内的数码家电，其在线零售销量和零售总额都较 2019 年有所增加，如图 4-10-12 所示。

图4-10-12　2020年线上渠道零售销量、总额实现较大增幅

7. 3C数码家电选品技巧

直播选品通过价位确定用于直播的产品，低价或高性价比的产品更符合消费群体的定位。直播间选品思路如下：

(1) 日常直播售价：价格比线下店、网店略低即可，根据售价的调整灵活变动。

(2) 大促活动/专场活动价：价格下调幅度稍大，优惠力度要大于日常直播优惠力度。

(3) 促销价：适用于滞销款、断色断码款，促销价建议与电商节日同价或价格更低。

在直播中，要给产品留足讲解时间，以每个单品讲解 5～10 分钟为宜，因此商品数量要根据直播时间而定。

直播间的货品管理是考验团队的运营管理能力的核心要素，让每个商品都在合适的位置上，灵活合理地管理直播间商品，这就需要同时做好商品数量管控、排品逻辑和货品迭代。

(1) 控制商品数量有两大算法：短时和长时。

① 短时：按照 8～10 分钟/单品直播沟通效率，直播间货品数量=直播时间÷10－爆款数量；

② 长时：直播间货品数量=店铺的产品×1/3(货品数量建议不超过 50 个)，以求把最能留住用户的产品放在直播间。

(2) 具体在选品方面，根据实际情况选择适合的直播选品配比。

① 市场爆款，一般是店铺转化率前十的产品。

② 高利润款，一般是毛利润较高，转化一般，但是产品卖点好的"故事型产品"。

③ 冷启动新品，一般是店铺上新产品，可以利用买家秀与直播间进行沉淀转化。

(3) 3C 电子家电优质直播产品具有 3 大特征：

① 销量，销量的多少直接影响直播引导成交销量靠前的产品。

② 功能性，展现商品适用的场景进行对比。

③ 商品颜值，展示外观和颜值好看的审美在线的产品。

(4) 常用的货品配置可参考：流行主推品占比 50%、常销单品占 30%、平销搭配连带占 20%，不过要注意主要类目占 95%，次要类目占 5%。

(5) 直播间排品原则为：好货放在好的位置；有层级的梯度化管理，产品排序要遵从产品归类排序；贴片、备注栏完善信息触达。

货品迭代要定期更新，长期同样的货品，会影响粉丝观看流量。货品迭代有两种路径：一种是参考直播转化率、销量、访客数来进行货品迭代，保持一周迭代一次的频次。另一种将上新、应季、大促行业活动作为货品迭代的参考依据，迭代频次根据大促进行调整。

(6) 具体的时期分布：①在上新季：新品预售让产品迅速聚集人气和销量。上新季排品组成建议：60%新品主推款，30%热销流量款或高销量款，10%的低价/低库存款/促销价。②日常直播：服务于日常流量的累积。日常排品组成为：50%的热销款，30%直播专享价款，20%为平销更替款。

8. 3C数码家电品类直播方式

3C数码家电品类出镜展示类型分为近景和远景两种。

(1) 近景直播：生活小家电/数码产品等比较适合近景，主播坐在桌子面前向用户介绍商品，如图4-10-13。

(2) 远景直播：用来展示大件商品的整体效果，主播需要站立介绍商品，这个时候需要远近结合，有用到近景的部分，用来展示产品细节，如图4-10-14 所示。

图4-10-13　近距直播

图4-10-14　远距直播

内容方式上数码类产品价格透明，直播间议价较低，直播内容中展示深度评测，展示体验及优惠福利讲解而非强销。如通过主播直播展示，从产品安装到使用等全程介绍产品，展示和解答观众疑惑。

9. 3C数码家电直播间布置

直播间样式是观众进入直播视觉信息接收占比最大的一部分，对用户体验有着最直接的影响。3C数码家电品类布置直播间要保证简洁明亮,包括直播间贴片、主播站位、背景灯光等。还要与直播主题及直播品类相关,如图4-10-15所示。

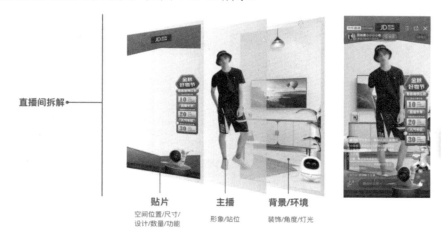

图4-10-15　直播间样式

(1) 直播间贴片内容设置要求

贴片上的元素设计要排列简洁整齐,根据品牌、品类特性选择合适的直播间贴片,凸显直播间品牌调性。数码家电可以选择未来科技、炫酷新潮、简约中性,蓝色或紫色调的装修风格确保直播间的整洁统一风格,让观众更专注于直播内容,如图4-10-16所示。

图4-10-16　排列整齐

贴片内容信息设置如图4-10-17所示。

- 助力体验提升:放置主播信息、直播时间、优惠预告等基础信息贴片来提升用户体验;
- 特色卖点曝光:放置新品、爆品、促销品,或者明星、达人等特色卖点贴片来吸引观众停留;
- 展示优惠折扣:放置直播间可领的优惠券、红包等,或展示优惠折扣口号的贴片来促进用户下单转化;

- 直播氛围渲染：放置具有大促节日、时令季节氛围的贴片来渲染直播间氛围，给观众感染力从而促进购买。

图4-10-17　贴片内容类型

(2) 直播间主播占位

主播占位太小、太靠下靠边会与观众产生距离感，降低信任感；若主播距离摄像头太近，充满了直播画面，会给观众产生压迫感。一般来说主播应位于画面中间，占比不超过70%较为合适，上下屏幕各预留约五分之一的空间，左右屏幕预留约四分之一的空间。主播可位于直播间背景墙对角线上，从而产生纵深感和空间感，提升观感，如图 4-10-18 所示。

图4-10-18　主播站位

(3) 直播背景环境

数码类品类背景选择纯色，不建议用白色。直播时的灯光打得都会比较亮，如果是纯白色容易反光，灯光直射在墙面会直射在观众眼睛里，长时间看直播的观众会视觉疲劳。建议直播背景墙的颜色是深灰色或浅棕色，这样的颜色会比较突出主播，配合贴片使用，如图 4-10-19 所示。

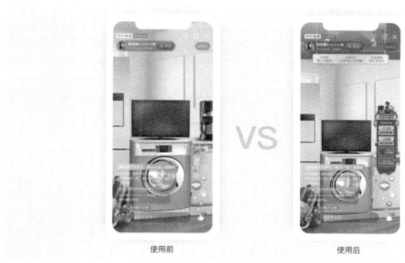

图4-10-19 背景色选择

10. 3C数码家电专场直播流程

(1) 在了解 3C 数码品类的相关知识之后,学员通过标准操作程序(standard operating procedure,SOP)流程表(表 4-10-2)熟悉直播环节前后的准备工作,可以通过分组模拟划分岗位完成直播分工任务清单的制定,任务清单的目的是让每一位小组成员明白工作方向及时间节点,协同团队完成分内的工作事项。

通过 SOP 流程表确定成员的工作职责,对应职责事项完成商品明细、选品资料、互动脚本、直播环节设计、直播流程、推广海报等事项工作。

表4-10-2 SOP流程表

工作类别	工作项	细节	负责人	6月						
				18 一	19 二	20 三	21 四	22 五	23 六	24 日	25 一
定位	定位5步曲	我是谁/面对谁/提供服务/解决问题/个人愿景	XXX	人设设定						预备	开播
	调研	知己知彼,制定自己的直播风格	XXX	调性设定							
商品选款	选品	自营产品、工厂溯源、时装周	XXX		首批选款						
	定价	对比市场同类产品、卖点、定价	XXX								
	货品比例	引流款、爆款、利润款、常规款	XXX								
直播间准备	地点(自选)	工作室、工厂、店铺、背景墙	XXX		场地准备						
	灯光(自选)	环境灯、测光灯、前置灯架	XXX		选购						
	布景(自选)	背景墙纸、摆设道具、尺子	XXX		选购						
	声卡(自选)	麦克风、收音等	XXX		选购						
直播筹备	流程策划	直播间促销活动、流程策划	XXX		选购						
	商品卖点	制定直播间人员工作	XXX			设计					
	人员分工	制定直播间人员工作	XXX			设计					
	准备工作到位	检查调试彩排	XXX			准备	设计	检查设备			
渠道筹建	大众门户	抖音、快手短视频引流	XXX					预热			
	社交媒体	小红书、爱逛等垂直媒体引流	XXX					预热			
	双微引流	微博、微信、图文引流	XXX					预热			

(2) 负责选品的人员需要从产品质量、价格、话题度等角度完成选品工作,制作商品明细及互动脚本,如表 4-10-3~表 4-10-5 所示。

表4-10-3　选品明细记录表(1)

序号	品类	品牌	商品原ID	直播ID	小程序链接	商品图片	商品标题(简写)	规格	平台销量	划线价	原供价	平台供价	直播建议售价	直播库存	活动支持	赠品明细(如果有赠品请注明)					竞品价格	竞品链接	卖点	备注
																赠品ID	赠品名称	赠品明细	赠品数量	赠品图片	赠品价值				
						[直播]【9.9元200件】																		

备注：
1、按照要求填写，避免后续信息不畅通
2、直播ID：原商品复制多个ID-标识【直播专用】，避免影响原本ID销售，直播ID在直播结束后会下架
3、每项务必认真填写，否则没法做直播，不合作的商家之后不考虑再次合作

表4-10-4　选品明细记录表(2)

洗护商品资料表										
序号	供应商款号	款式图片	款式说明	类别	颜色	直播价	零售价	卖点	说明	规格
1	19008#		加湿器	小家电		98	130	加湿器、小型、家用、静音、卧室、网红、孕妇、婴儿、办公室、桌面、车载、usb、大雾量	电源方式：USB	
2	19008#		吹风机	小家电		120	150	水离子电吹风机、家用、大功率、速干、负离子护发筒、宿舍、学生、小型		

表4-10-5　产品沟通话语表

品牌	名称(中文)—T	图片	卖点提示牌	直播沟通话语	Q&A
YY	吹风机		电商平台吹风机排行榜销售冠军	呐，强推这个吹风机！真心好用！韩国科技成果！可能很多粉丝已经用过或者听说过，那我在这里还是要打call一次，这款黑头清理液在香港万宁已经卖爆！智能控温功能的产品完全可以通过内部的温度感测器间控制芯片来调节温度，可以做到实时监测风量，从而把温度控制在合理范围内。	Q:吹风机亮点 A:油脂分泌过多，堆积在毛孔里，堵塞时间长了就会出现黑头 Q:价格 A:马齿苋萃取液、木瓜萃取液(答出一个)
丁咚	加湿器		会开花的加湿器 方便携带 办公室居家首选 送精油	我的天，会开花的，吹爆它。这一款加湿器不仅颜值爆表，使用了一段时间之后，实力实在深得我心。所以，一定一定要宠爱利给小仙女们，这朵貌美又实用的花。超声波式加湿器的构造单纯小巧，更偏向于外观设计的美观性，消耗电量少、无噪音。	Q:这款加湿器有哪些亮点？ A: 方便携带

(3) 负责直播策划的人员完成直播流程安排，掌控好时间节点与互动活动设计，场控人员协助好主播、副播做好直播前的彩排工作模拟练习，如表4-10-6和表4-10-7所示。

表4-10-6 直播环节设计表

直播概况					
直播日期	1月2日19:30-22:00		KOL	XXXX	直播平台
直播产品	吹风机、吸尘器				
DCDC参与	主播:XX 场控:XXX				
怡亚通参与	总协调:XX 督导:XX 场控:XX 运营:XX 客服:XX 水军:XX.				
推品逻辑	根据护肤先后顺序,价格高低穿插,中间设置爆品促销,带动直播间气氛				
商品顺序	1. 吹风机 2. 吸尘器				
活动规则	1. 开场满送,在线人数满 300/600/900 人抽(市值 98 元奖品)3-10 份/后台联系助理,登记领奖品 19:00-20:00 3次 2. 神秘黑盒(发放 199/99 二种福袋,限量各 1 个,随机放置超额商品/福袋链接定点上架(EA)20:00) 3. 限时促销吹风机/后台秒杀链接,定点上架(EA)21:00 4. 答对粉丝随机送 1 份礼品 5. 下播优惠券(下播后 30 分钟还可领优惠券,过 30 分钟之后恢复原价,营造优惠感)/后台设置优惠券定时 30 分钟(EA)22:00 备注:以上提供活动建议,金额由 DCDC 设置提供。				
直播执行PART1 (65分钟)					
时间	7月2日19:30-20:35				
人物	场内:KK助播 场外:预埋、时间控场、客服问答				
内容规则	1.介绍产品:每个产品介绍5分钟,促单5分钟,报KK名字后台领优惠券。 2.产品卖点:提炼关键卖点。直播时以弹屏方式发送,增加消费者影响。 3.粉丝互动:粉丝关于产品问题由客服在直播间直接回复,报活动时,客服多重复几遍活动字幕做提醒(客服负责) 4.发放福利:开场满送				
商品介绍	开场互动 5分钟 19:30-19:35 1. 吹风机(300+200) 10分钟19:35-19:45 2.吸尘器 (500) 10分钟19:45-19:55				

表4-10-7 直播安排表

直播安排							
XX直播间(首次关注主播领取10元无门槛优惠券)每5分钟飘屏一次							
直播时间17:00-18:00;(一个小时)							
主题《护肤小知识让你回归自然皮肤》							
时间段	主讲	内容	目的	商品介绍	时段销售指标	时段在线人数	备注
17:00-17:15	XX	预告今天主要讲解内容及优惠活动	热场铺垫	全部	0	0	
17:15xx:xx	XX	无门槛当天使用券抽取2名	活跃气氛	无	0	100	
xx:xx-xx:xx	XX	小窍门讲解	引入产品	XXX套盒	0	200	
xx:xx-xx:xx	XX	产品讲解	讲解产品	XXX	500	400	
xx:xx-xx:xx	XX	直播奖品抽取并引导转发	裂变	无	0	600	
xx:xx-xx:xx	XX	小窍门讲解	引入产品	YY套盒	0	600	
xx:xx-xx:xx	XX	产品讲解	讲解产品	YY套盒	500	800	

(4) 负责广宣设计的人员按照选品完成直播海报及预热小视频的制作和各渠道平台宣传发布工作。示例如图 4-10-20 所示。

图4-10-20　直播宣传海报

🔔 任务准备

根据图 4-10-21 做好直播任务准备。

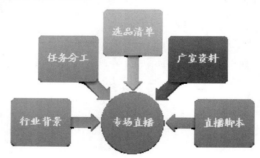

图4-10-21　直播任务准备

🔔 任务评价

根据完成情况对本次直播最终的结果进行打分，评比表共分为五个维度，即直播流程、产品介绍、直播推广、主播表现、直播数据。每个维度 100 分，共计 500 分。

其中直播流程、产品介绍、主播表现、直播数据 4 个维度分为 10 个打分项，最高分都是 10 分；直播推广维度为 5 个打分项，分值为 10~30 分不等，根据实际完成情况进行打分，如图 4-10-22 所示。

直播实训评比表

直播流程		产品介绍		直播推广		主播		直播数据	
评估事项	得分	评估事项	得分	评估事项	得分	评估事项	得分	评估事项	得分
欢迎语	10	需求引导	10	提前图文预热	20	语言流畅性	10	曝光量	10
福利预告	10	基础信息	10			声音是否洪亮利落	10	新增关注	10
引导互动、关注、诱惑	10	品牌营销	10	直播当天短视频预热	20	语速较快、快慢结合	10	互动人数	10
产品预告	10	紧迫感	10			语气词频次	10	停留时长	10
引导互动、关注、诱惑	10	核心卖点	10	直播前1小时朋友圈预热	20	卡顿频次	10	商品点击数	10
产品1	10	稀缺感	10			表达起伏性	10	成交人数	10
引导互动、关注、诱惑	10	营销与报价	10	直播中直播间曝光量	10	表情≥3次/分钟	10	成单率	10
产品循环	10	售后保障	10			肢体动作≥5次/分钟	10	成交额	10
引导互动、关注、诱惑	10	火爆感	10	直播间人次	30	情绪表演≥1次/2分钟	10	封面点击率	10
下期预告	10	用户反馈	10			仪态是否稳	10	互动率	10
直播流程总分: 100		产品介绍总分: 100		直播推广总分: 100		主播总分: 100		数据总分: 100	

直播带货实训总分: 500分

图4-10-22　直播实训评比表

🔔 任务操作

直播任务分工表清单制定分为直播前准备、环境准备、直播现场，分别把每阶段的项目、内容、负责人、完成时间写清楚，并确定本场直播时间、主播、复播、运营、场控的人员名字。确定好人员分工之后进行选品脚本、直播物料清单、直播脚本准备工作。

1. 任务分工表

填写表4-10-8中的各项。

表4-10-8　直播任务分工表

环节	项目	内容	负责人	完成时间	备注
直播前准备					
环境准备					
直播现场					

开播时间：

直播：

副播：

运营：

场控：

客服：

观众入口(小程序二维码)：

2. 选品脚本

填写表 4-10-9 中的各项。

表4-10-9 直播选品脚本表

选品属性	商品图片	商品名称	商品规格	市场零售价	直播间价格	优惠券设置	链接	二维码
印象款								
引流款								
盈利款								
气质款								
高价款								

3. 直播物料清单

填写表 4-10-10 中的各项。

表4-10-10 直播物料清单表

直播时间：
物料存放地点：

选品名称	物料	数量	用途	状态	负责人	备注

4. 直播脚本

填写表 4-10-11。

表4-10-11 直播脚本表

直播人员： 直播时间：
直播主题：

事项模块	时间	时长(min)	选品	物料	互动环节	内容

5. 直播实训评比表

填写表4-10-12～表4-10-14。

表4-10-12 直播推广评分表

直播推广		
评估事项	满分	得分
提前图文预热	20	
直播当天短视频预热	20	
直播前一小时朋友圈预热	20	
直播中直播间曝光量	10	
直播间人次	30	
直播推广总分：100		

表4-10-13 直播流程产品讲解评分表

直播流程			产品介绍		
评估事项	满分	得分	评估事项	满分	得分
欢迎语	10		需求引导	10	
福利预告	10		基础信息	10	
引导互动、关注、吸引	10		品牌渲染	10	
活动预热	10		紧迫感	10	
引导互动、关注、吸引	10		核心卖点	10	
产品1	10		稀缺感	10	
引导互动、关注、吸引	10		营销与报价	10	
产品循环	10		售后保障	10	
引导互动、关注、吸引	10		火爆感	10	
下期预告	10		用户反馈	10	
直播流程总分：100			产品介绍总分：100		

表4-10-14 主播控场数据效果评分表

主播			直播数据		
评估事项	满分	得分	评估事项	满分	得分
语言流畅性	10		曝光量	10	
声音是否洪亮利落	10		新增关注	10	
语速较快、快慢结合	10		互动人数	10	
语气词频次	10		停留时长	10	
卡顿频次	10		商品点击数	10	
表达起伏性	10		成交人数	10	
表情≥3次/分钟	10		成单率	10	
肢体动作≥5次/分钟	10		成交额	10	
情绪表演≥1次/2分钟	10		封面点击率	10	
仪态是否沉稳	10		互动率	10	
主播总分：100			数据总分：100		

🔔 任务实践评价

项目设计与岗位工作对接，任务设置合理、具体，教学目标明确，符合专业培养标准，体现知识、能力、素质全面发展的理念。遵循职业教育规律，科学合理设计教学过程，要体现与实训过程对接。

(1) 有明确具体的实训要求，严格执行安全、文明等规定，学生无违纪与事故发生。
(2) 教•学•练•做一体，体现工学结合等职业教育特色。
(3) 注重学生能力培养、创新意识培养，注重学生安全、文明、敬业、负责、诚信、守时、团队协作等职业素质的养成。
(4) 进行巡回检查，及时答疑、指导与讨论，注重启发、引导学生自学和思考。

填写表4-10-15中的各项内容。

表4-10-15　任务实践工单

任务实践工单					
时间：＿＿＿年＿＿月＿＿日——＿＿＿年＿＿月＿＿日					
专业名称			班级		
项目实训环节组织与实施	实训内容				
	工学项目				
	所属任务				
	知识技能点				
	操作流程				
评价与效果	评价标准	S	A	B	C	D
	学生表现评价					
	学习计划					
	任务目标					

任务4.11　运动类目直播实战

🔔 任务背景

不断提升学员的实践能力和逻辑思维，同时更好地培养学员日常精细化工作学习的能力，参与"运动健身品类直播实战"，使学员能够在合作协同能力和创造能力等方面获得较大的提升，而不只是获得理论能力的提升，帮助学员明确可行性目标。职业能力清单如表4-11-1。

"运动健身品类实战"微课视频

表4-11-1 职业能力清单

职业能力清单

授课日期		授课班级	
课程名称		工学项目	
教学目标	知识与技能、过程与方法		
教学重点	本节课的主要教学内容，列出教学关键点、内容及过程(侧重体现突出重点、突破难点的方法措施)		
教学环节	该环节所处理的教学内容和组织形式	教学时间	
练习环节	课堂练习的内容(教材题、练习册题、补充练习题等)	练习时间	
职业能力	对应学习目标	知识技能	熟练掌握知识点
补充练习	拓展资料、参考资料等(根据需要填写)		

任务目标

小组成员共同协力完成 1 小时运动类专场直播，要求完成以下资料：
(1) 直播分工任务单。
(2) 选品清单。
(3) 物料清单表、广宣海报、小视频。
(4) 直播脚本、物料清单。
(5) 本场直播总结汇报 PPT。

任务分析

1. 运动健身品类知识

(1) 场景化品类营销

运动健身行业是伴随着消费者的需求变化而前行的。在这个过程中，运动健身企业研发的产品围绕用户需求，挖掘用户生活中更多消费点与消费场景，采用线上线下相结合的方式，将智能科技的应用融合到运动场景建设、运动装备鞋服器材开发中去，最终为用户打造更加完善的运动健身生态，以求为用户提供更加个性化、智能化、场景化的健身服务，如图 4-11-1 所示。

图4-11-1　围绕场景打造产品

(2) 运动健身产品分类，如图 4-11-2 所示。

健身器材：跑步机、握力器、臂力器等。

项目用品：篮球、乒乓球、瑜伽垫等。

运动护具：如滑雪镜、护腕护膝、骑行镜、篮球眼镜等。

运动健身服饰：手套、运动鞋、袜、运动服装、运动帽、运动饰品等。

户外运动装备：帐篷、睡袋、折椅、登山包等。

智能装备：运动手表、运动手环等。

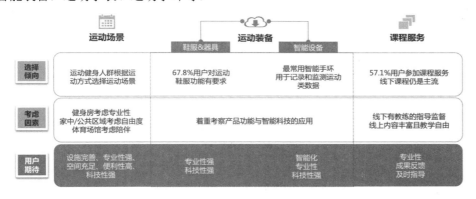

图4-11-2　垂直挖掘用户需求

2. 运动健身人群需求分析

(1) 行为偏好

运动健身人群坚持运动的内在原因是促进身体新陈代谢、缓解身心压力、增强抵抗力和免疫力等，如图 4-11-3(1)所示。外在原因是改善外形和减肥瘦身，如图 4-11-3(2)所示。

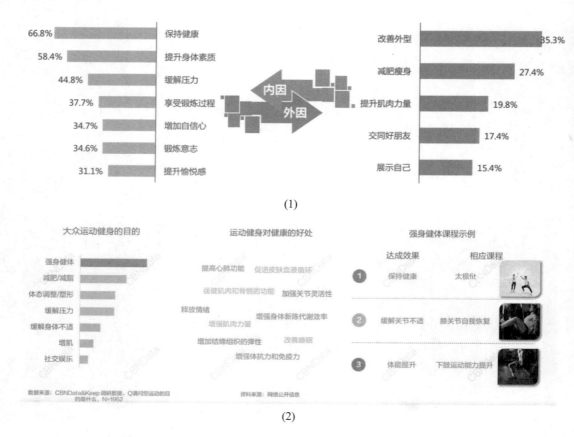

(1)

(2)

图4-11-3 用户运动诉求偏好(数据来源：艾瑞咨询)

(2) 性别差异基于《2018线上运动消费趋势大数据报告》显示，跑步是大家都最爱好的全民运动，跑步类型的商品消费金额占比最高；女性运动方式更多元，游泳、瑜伽、舞蹈等运动类型相关产品购买均衡，而男性则更偏爱跑步和篮球，如图4-11-4所示。

图4-11-4 消费偏好(数据来源：艾瑞咨询)

(3) 年龄因素

在不同的年龄段，用户的成长情况随时间发生变化，运动健身需求也发生改变。青少年和青年身体状况较好，偏爱较高强度的运动项目；中年用户应对工作家庭压力，解压、减肥需求增高；中老年用户身体条件下降，对养生健体、社交属性强的低强度活动需求较大。运动健身企业应针对不同年龄人群特征做出相应的服务调整，如图4-11-5所示。

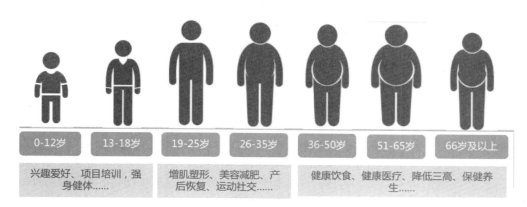

图4-11-5　用户年龄生命周期(数据来源：艾瑞咨询)

根据《2021运动健康人群洞察报告》，年轻一代更加注重对身材的管理，通过运动来改善身材，00后及90后成为健身、减脂达人的主力军，80后、70后则更多地通过健步走路来加强身体锻炼，如图4-11-6所示。

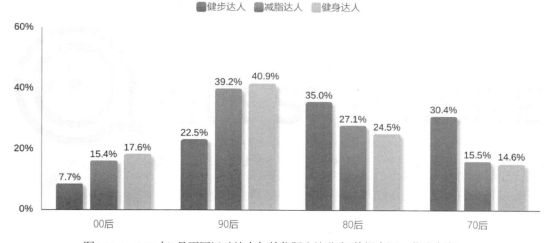

图4-11-6　2021年2月不同运动达人年龄代际占比分布(数据来源：艾瑞咨询)

3. 运动健身用户消费观念

(1) 运动健身类产品用户消费诉求以鞋服、装备为主，63.8%的用户在运动健身方面的年均消费在1000元以下。随着消费者运动生活方式和消费观念的升级，运动场景化和课程服务的消费也上升至45.4%的份额。随着未来运动健身企业对用户需求场景的进一步挖掘，用户在运动健身方面的消费投入仍有很大的增加空间，如图4-11-7所示。

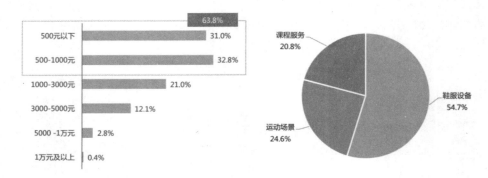

图4-11-7 人均消费结构(数据来源：艾瑞咨询)

从运动用品分类热销商品价格分布情况可以看出，超八成的热销商品价格处于 0～40 元，其中，商品价格处于 0～20 元的占比最大，达 51%，中低价商品具有较强市场竞争力且呈逐渐增加趋势，由此可见，在直播中价格敏感度是用户关注方向之一，如图 4-11-8 所示。

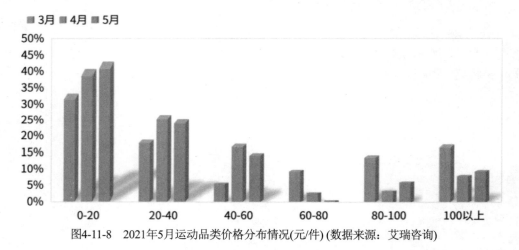

图4-11-8 2021年5月运动品类价格分布情况(元/件)(数据来源：艾瑞咨询)

(2) 运动健身人群在选择运动鞋服和装备时，价格并不是用户购买运动装备时的首要考虑因素。材料、品牌、产品功能性和科技感是用户优先考虑的因素，如图 4-11-9 所示。

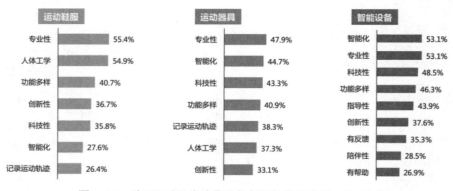

图4-11-9 购买运动品类消费者考虑因素(数据来源：艾瑞咨询)

(3) 对于消费者来说，电商平台是主要购买渠道，在便利性和性价比方面有一定优势，并可以通过分析参数进行产品对比，因此已经超过商场等线下渠道，成为用户在购买运动装备时的首选。

- 42.7%的用户选择电商平台购买。
- 32.2%的用户选择线下渠道购买。
- 16.3%的用户选择品牌官网购买。
- 8.8%的用户通过其他路径购买。

4. 运动健身类产品消费结构

多元化的运动方式围绕运动健康的消费品类愈加丰富，运动的不同目的诉求及兴趣驱动下运动达人们催生出更加细分化的产品需求，对与运动关联的鞋靴、服装穿搭等均表现出较高的消费偏好，如图4-11-10所示。

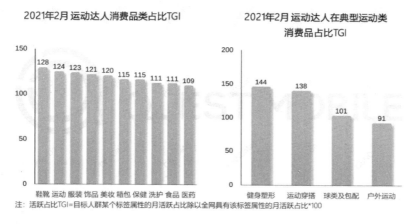

图4-11-10　消费者运动消费方向(数据来源：艾瑞咨询)

《2020女性运动行业消费趋势洞察》数据显示，户外、旅行用品及瑜伽、健身、球迷用品两大类目品牌显著增长，其中跳舞毯、毽子、踏步机以及户外用品增长较快，品类市场丰富度大大提升，如图4-11-11所示。

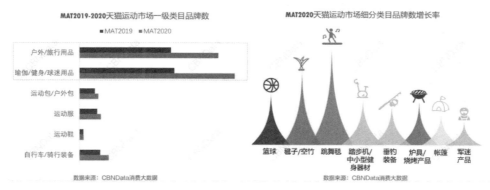

图4-11-11　消费结构洞察

健身达人关注度最高的是家用健身及放松相关的产品。她们消费最多的品类是瑜伽、跑步机等大型健身器械以及踏步机等中小型健身器材。选品方向可以围绕户外、瑜伽等方面，如图4-11-12所示。

图4-11-12　爆款品类支出(数据来源：艾瑞咨询)

除此之外，智能硬件产品让更多人可以享受专业的运动服务，智能品类商品通过匹配有效的内容，对运动数据进行监测并做到实时反馈，从而达到科学化的指导，受到年轻人追捧。国民运动健身趋势从休闲化向专业化发展，硬件和内容双向升级的智能硬件产品未来有望成为国民家庭中的健身标配，如图4-11-13所示。

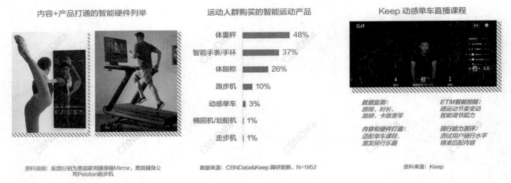

图4-11-13　智能运动产品(数据来源：艾瑞咨询)

5. 运动健身类用户画像

(1) 城市分布

省会城市资源丰富，人群比较集中，可依托人群优势向二三线城市延伸，未来直播广告地域投放可重点关注这些城市。2021年2月运动达人城市分布情况如图4-11-14所示。

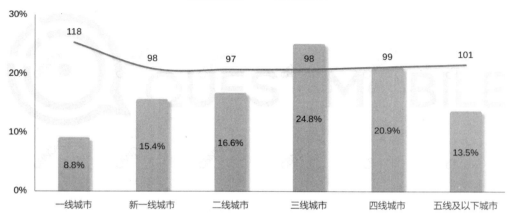

图4-11-14　城市分布(数据来源：艾瑞咨询)

根据 CBNData 消费大数据，不同省份地域兴趣分布借助短视频及直播形式吸引兴趣人群关注，当前以健身课程、内容平台小店以及直播间带货等形式实现商业变现，如图 4-11-15 所示。

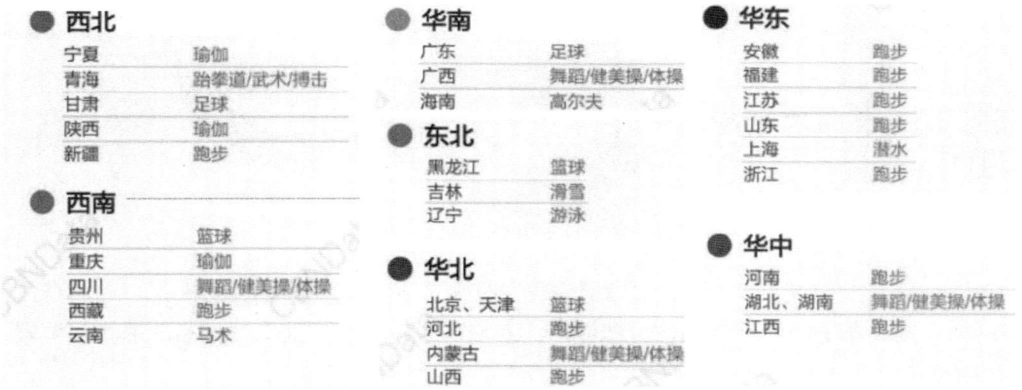

图4-11-15　各省(区、市)人们的运动偏好(数据来源：艾瑞咨询)

(2) 人群属性

调研结果显示，结合用户的年龄、学历水平、收入水平来看，热衷运动健身的人群拥有较高的经济基础，以及较高的消费潜力。在品牌观念上，他们品牌意识较强，忠诚度较高；相对应的，他们的消费观念相对成熟，愿意追求更高的生活质量。

从人群属性来看，用户群体更加年轻化，是未来直播购买的主要群体，可以作为主要的推流方向，如图 4-11-16 所示。

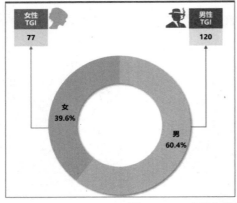 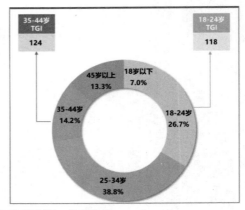

图4-11-16　人群年龄分布(数据来源：艾瑞咨询)

当下电商平台及品牌商依据用户诉求覆盖全年龄段,满足不同年龄、职业人群在不同生活和工作场景中的运动健身需求。青年人群消费人数高速增长,越来越多年轻人加入运动的行列。如图4-11-17所示为运动健身人群的职业分布情况。

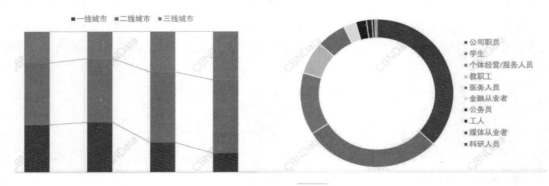

图4-11-17　人群职业分布(数据来源：艾瑞咨询)

关注运动的人群以男性为主,多活跃在下沉市场,相比之下,年轻女性用户为健身达人的主要群体,尤其在生活节奏较快的一线城市。未来直播内容上可依据用户年龄地域等偏好有针对性地定向投放,如图4-11-18所示。

图4-11-18　2021年2月健身达人与关注健身人群画像对比(数据来源：艾瑞咨询)

6. 运动健身行业数据分析

以户外运动为例,根据《第一财经》商业数据中心发布的《2019年户外运动消费趋势洞察》,从户外运动增长数据类型上看,近三年线上户外运动产品消费持续走高;从类型上看,2018年装备及鞋服依然是线上户外运动产品消费的主要类型,但户外生活用品及防护设备消费增速提升,体现了消费者更全面的户外运动需求,如图4-11-19所示。

图4-11-19 《第一财经》商业数据中心(CBNData)发布《2019年户外运动消费趋势洞察》

随着全民健康意识的觉醒,运动市场不断扩张。2020年线上运动市场规模已达到千亿级,近几年仍保持稳步增长。品类整体渗透率和客单价相对稳定,消费者人数有着明显的提升趋势,未来运动行业进入成长期,行业规模将持续性扩大,如图4-11-20所示。

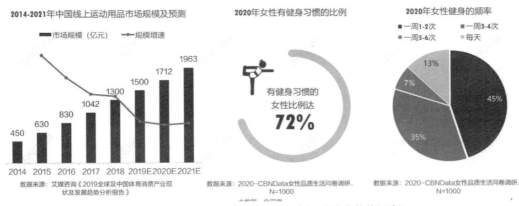

图4-11-20 CBNData发布的《2020年运动消费趋势洞察》

从2020年9月到2021年5月用户观看直播购买运动产品的数据来看,体育用品、运动鞋、运动服较为热销,季节性、品牌性也是运动产品畅销的原因。直播时可以围绕品类卖点进行内容准备,突出功能性、场景性、品牌化、季节性、价格口碑等优势,如图4-11-21所示。

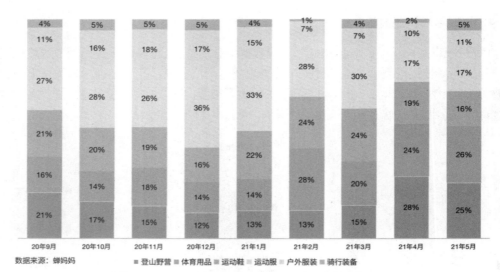

图4-11-21　2020年9月—2021年5月运动品类细分占比

7. 运动健身类选品技巧

整个直播带货环节，选品已成为最核心环节，是否精准尤为重要。运动健身品类选品与目标用户需求匹配度、产品性价比相关性很高，下面精心为大家总结了以下几点：

（1）商品展示性强这一类商品的详解更全面，利于直播间现场"表演"的产品，方便主播直接演示讲解，比如服装、体育用品等，这些展示无疑会缩短消费者的决策时间。

（2）根据商品价格进行选品。直播时价格也是产品优势，货品调整价格梯度可以分为：热销爆款10%+新品首发10%+特价清仓款10%+季节品类50%+利润款20%。

- 新品首发

新品指新亮点、新设计甚至新材质的商品。选择将新品首发在直播，可充分吸引品牌的忠实用户的关注，快速打开新品市场。

- 热销爆款

热销爆款可以选用品牌经典款和热销款，也就是大众熟悉的商品(如瑜伽垫、护膝等商品)，以增强用户对品牌的认知。充分利用爆款引流，提高直播的竞争力。

- 特价清仓

给用户一定的低消费门槛，过季商品或库存积压品给商家带来很大的运营压力，以特价方式将库存清掉，在回馈粉丝的同时，也快速回流了资金。

- 当季流行产品

最好在直播间中选择应季的产品，可以对应时下季节性、节日性热点设置直播主题活动，以带动整体销量。

- 组合选品

按价格区间将挑选的商品，在直播的不同时间段上线不同档位的产品。

爆款与新品是为了帮助直播间增加竞争力，获取直播流量，特价清仓款为快速清库存回笼资金，常规款与利润款则在丰富品类的基础上，维持销量提升利润。

8. 运动健身品类直播方式

运动健身品类直播时需要远景近景结合，一般分为摄像头直播和手机直播两种模式。近景用来展示产品细节，远景用来展示产品整体穿戴效果。运动健身品类远距直播适合展示穿搭、测评，典型的运动服装健身器械等，如图4-11-22所示。

图4-11-22　远距直播近距呈现细节

近景直播适合运动单品/小件商品。近距直播，一般是主播坐在桌子面前直播，非常放松地介绍产品细节卖点，这样的直播对主播来说，相对比较舒适，大部分主播也比较喜欢这种模式的直播，如图4-11-23所示。

图4-11-23　近距直播

9. 运动健身品类直播间布置

直播设备及布景要求较多。对于新手而言，直播间搭建可以分为三个方面：
(1) 硬件设备
刚开始接触直播时，设备不用太过复杂，需要准备的硬件：

① 手机/电脑(像素尚可、保持电量充足)
② 手机支架(保证手机画面稳定，不抖动)
③ 打光设备(室内顶灯、射灯、补光灯)
④ 耳机/麦克风/声卡

(2) 直播环境

在布置设备、道具之前，需要对直播场地进行一个全局的规划，不同的商品对于所需要的直播场景都不一样，根据自己的直播内容、容纳人和产品选择合适的直播场地即可。直播间环境要保持光线清晰、环境敞亮、可视物品整洁，如图4-11-24所示。

图4-11-24　直播环境

(3) 直播间的灯光和布光

远景直播布光，是大部分穿搭类目常用的设备布置技巧，对主播身边以及室内整体光线都有一定的要求。技巧：主灯为冷光，辅灯为暖光，两组补光为暖光，整体效果为暖光，暖光会让主播看上去更贴近自然，营造暖暖的柔和舒适的舒服感觉。还需要在主播的后面补上背景光，使直播间的各点照亮度都尽可能统一，起到让室内光线均匀的作用，背景光简单不要对冲主灯，如图 4-11-25 所示。

图4-11-25　远景灯光

主灯：一般为冷光灯，主要作用是照明和补充光源，从主播正前方打过来，如图 4-11-26 所示。

辅灯：一般为暖光等，主要是弱化直播间的阴影，使直播间温暖柔和看起来更舒服。拍照用的灯可以是借用的，以节省成本。

顶灯：补充主光灯的光源，从头顶照射下来给背景和地面增加照明，同时有瘦脸效果。

背景光：放在主播侧后方的位置，建议用小圆灯，这样照射的面就更加多，这里不建议用射灯，因为射灯照射的光束面会比较小。

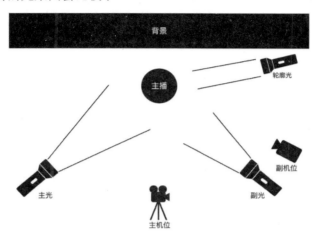

图4-11-26 灯光设置

近距离直播布光技巧：主灯为暖色，辅灯为冷光，两组补光冷暖结合。主灯要求是暖色灯光，暖色系给人温暖、舒适、愉悦的感觉；暖光在后面布景中可以和辅灯冷光结合，实现更清晰的效果，如图 4-11-27 所示。

辅灯：建议用冷色灯、暖色灯各一个，冷暖的结合可以还原产品的真实度。

顶灯：用室内的灯光就可以。

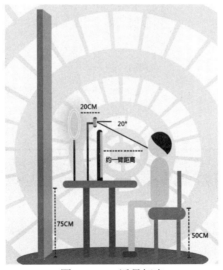

图4-11-27 近景灯光

10. 运动品类直播流程

(1) 在了解运动健身品类的相关知识之后，按照小组成员职责完成直播分工任务清单的制定，任务清单是指导每位成员在规定的时间内完成或协同完成某项工作的规划。

任务分工表(表 4-11-2)分为"直播前准备、环境准备、直播现场"，分别把每阶段的项目、内容、负责人、完成时间写清楚，并确定本场直播时间、主播、复播、运营、场控的人员名字。

表4-11-2 任务分工表

环节	项目	内容	负责人	完成时间	备注
直播前准备	选品	完成选品清单	小明	6月16日	
	推广宣传	制作营销海报/视频	小李	6月16日	海报*2，视频*1
	直播策划	完成直播脚本	小芳	6月17日	
	……				
环境准备	直播场地物料	完成直播物料清单	小丽	6月16日	布置会场
	直播测试	完成直播前彩排	全体	6月18日	至少1次
	……				
直播现场	主播	完成整场直播带货	小李	6月18日	
	……				

开播时间：6月18日20：00

主播：小李

副播：小丽

运营：小明

场控：小芳

客服：小赵

观众入口(小程序二维码)：

(2) 负责选品的人员需要从产品质量、颜值、价格、话题度等角度完成选品工作，制作选品清单及商品脚本，如表 4-11-3 所示。

表4-11-3　商品选品资料表

运动健身商品资料表										
序号	供应商款号	款式图片	款式说明	类别	颜色	直播价	零售价	卖点	说明	规格
1	19008#		瑜伽垫	运动健身		98	130	瑜伽垫加宽80cm初学者加厚10mm加长防滑瑜伽垫无味健身垫子正品		
2	19008#		运动帽	运动健身		120	150	新款简约反光跑步运动鸭舌帽		

（3）负责直播策划的人员和主播、副播协同完成直播互动活动设计和直播脚本编写，针对运动品类专场直播活动设计抽奖、优惠券、发红包等互动环节，安排辅助展示物料清单，如表4-11-4与表4-11-5所示。

表4-11-4　直播脚本表

直播人员：小李、小雨　　　　　　　　　　　　　　　直播时间：20：00-21：00
直播主题：618运动品类专场直播

事项模块	时间	时长（min）	选品	物料	互动环节	内容
预热开场	19：50-20：00	10	—	发送10分钟福袋		欢迎来到直播间的宝宝们，喜欢主播的可以上方点个关注，点点小红心
活动说明						
产品介绍						
……						

表4-11-5　直播物料清单表

直播时间：　　　　　　　　　　　　　　　物料存放地点：

选品名称	物料	数量	用途	状态	负责人	备注

（4）负责直播场控的人员把控好直播现场流程完成时间节点规划，协助主播、副播做好直

播流程安排，如表 4-11-6 所示。

表4-11-6　直播安排表

直播安排							
XX直播间（首次关注主播领取10元无门槛优惠券）每5分钟飘屏一次							
直播时间17:00-18:00；（一个小时）							
主题《运动大拯救》							
时间段	主讲	内容	目的	商品介绍	时段销售指标	时段在线人数	备注
17:00-17:15	XX	预告今天主要讲解内容及优惠活动	热场铺垫	全部	0	0	
17:15-xxx	XX	无门槛当天使用券抽取2名	活跃气氛	无	0	100	
xx:xx-xx:xx	XX	小窍门讲解	引入产品	XXX套盒	0	200	
xx:xx-xx:xx	XX	产品讲解	讲解产品	XXX	500	400	
xx:xx-xx:xx	XX	直播奖品抽取并引导转发	裂变	无	0	600	
xx:xx-xx:xx	XX	小窍门讲解	引入产品		0	600	
xx:xx-xx:xx	XX	产品讲解	讲解产品		500	800	

(5) 负责广宣设计的人员按照选品完成直播海报(图 4-11-28)及预热小视频的制作和平台宣传发布。

图4-11-28　直播宣传海报

🔔 任务准备

根据图 4-11-29 做好直播任务准备。

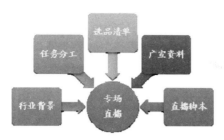

图4-11-29 直播任务准备

任务评价

根据完成情况对本次直播最终的结果进行打分，评比表共分为五个维度，即直播流程、产品介绍、直播推广、主播表现、直播数据。每个维度100分，共计500分。

其中直播流程、产品介绍、主播表现、直播数据每个维度分为10个打分项，每项最高分都是10分；直播推广维度分为5个打分项，分值为10~30分，根据实际完成情况进行打分，如图4-11-30所示。

直播实训评比表

直播流程		产品介绍		直播推广		主播表现		直播数据	
评估事项	得分	评估事项	得分	评估事项	得分	评估事项	得分	评估事项	得分
欢迎语	10	需求引导	10	提前图文预热	20	语言流畅性	10	曝光量	10
福利预告	10	基础信息	10			声音是否洪亮利落	10	新增关注	10
引导互动、关注、诱惑	10	品牌宣染	10	直播当天短视频预热	20	语速较快、快慢结合	10	互动人数	10
产品预告	10	紧迫感	10			语气词频次	10	停留时长	10
引导互动、关注、诱惑	10	核心卖点	10	直播前1小时朋友圈预热	20	卡顿频次	10	商品点击	10
产品1	10	稀缺感	10			表达起伏性	10	成交人数	10
引导互动、关注、诱惑	10	营销与报价	10	直播中直播间曝光量	10	表情≥3次/分钟	10	成单率	10
产品循环	10	售后保障	10			肢体动作≥5次/分钟	10	成交额	10
引导互动、关注、诱惑	10	火爆感	10	直播间人次	30	情绪表演≥1次/2分钟	10	封面点击率	10
下期预告	10	用户反馈	10			仪态是否稳	10	互动率	10
直播流程总分：100		产品介绍总分：100		直播推广总分：100		主播总分：100		数据总分：100	

直播带货实训总分：500分

图4-11-30 直播实训评比表

任务操作

1. 任务分工表

填写表4-11-7。

表4-11-7 直播任务分工表

环节	项目	内容	负责人	完成时间	备注
直播前准备					
环境准备					

(续表)

环节	项目	内容	负责人	完成时间	备注
直播现场					

开播时间：

直播：

副播：

运营：

场控：

观众入口(小程序二维码)：

2. 选品脚本

填写表 4-11-8。

表4-11-8　直播选品脚本表

选品属性	商品图片	商品名称	商品规格	市场零售价	直播间价格	优惠券设置	链接	二维码
印象款								
引流款								
盈利款								
气质款								
高价款								

3. 直播物料清单

填写表 4-11-9。

表4-11-9 直播物料清单表

直播时间：

物料存放地点：

选品名称	物料	数量	用途	状态	负责人	备注

4. 直播脚本

填写表 4-11-10。

表4-11-10 直播脚本表

直播人员：   直播时间：

直播主题：

事项模块	时间	时长(分钟)	选品	物料	互动环节	内容

5. 直播实训评比表

填写表 4-11-11～表 4-11-13。

表4-11-11 直播推广评分表

直播推广		
评估事项	满分	得分
提前图文预热	20	
直播当天短视频预热	20	
直播前一小时朋友圈预热	20	

(续表)

直播推广		
评估事项	满分	得分
直播中直播间曝光量	10	
直播间人次	30	
直播推广总分：100		

表4-11-12 直播流程产品讲解评分表

直播流程			直播数据		
评估事项	满分	得分	评估事项	满分	得分
欢迎语	10		需求引导	10	
福利预告	10		基础信息	10	
引导互动、关注、吸引	10		品牌渲染	10	
活动预热	10		紧迫感	10	
引导互动、关注、吸引	10		核心卖点	10	
产品1	10		稀缺感	10	
引导互动、关注、吸引	10		营销与报价	10	
产品循环	10		售后保障	10	
引导互动、关注、吸引	10		火爆感	10	
下期预告	10		用户反馈	10	
直播流程总分：100			产品介绍总分：100		

表4-11-13 主播控场数据效果评分表

主播			直播数据		
评估事项	满分	得分	评估事项	满分	得分
语言流畅性	10		曝光量	10	
声音是否洪亮利落	10		新增关注	10	
语速较快、快慢结合	10		互动人数	10	
语气词频次	10		停留时长	10	
卡顿频次	10		商品点击数	10	
表达起伏性	10		成交人数	10	
表情≥3次/分钟	10		成单率	10	
肢体动作≥5次/分钟	10		成交额	10	
情绪表演≥1次/2分钟	10		封面点击率	10	
仪态是否沉稳	10		互动率	10	
主播总分：100			数据总分：100		

任务实践评价

项目设计与岗位工作对接,任务设置合理、具体,教学目标明确,符合专业培养标准,体现知识、能力、素质全面发展的理念。遵循职业教育规律,科学合理设计教学过程,要体现与实训过程对接。

(1) 有明确具体的实训要求,严格执行安全、文明等规定,学生无违纪与事故发生。

(2) 教·学·练·做一体,体现工学结合等职业教育特色。

(3) 注重学生能力培养、创新意识培养,注重学生安全、文明、敬业、负责、诚信、守时、团队协作等职业素质的养成。

(4) 进行巡回检查,及时答疑、指导与讨论,注重启发、引导学生自学和思考。

填写如表 4-11-14 所示的表格。

表4-11-14 任务实践工单

任务实践工单					
时间:____年____月____日——____年____月____日					
专业名称			班级		
项目实训环节组织与实施	实训内容				
	工学项目				
	所属任务				
	知识技能点				
	操作流程				
评价与效果		S	A	B	C	D
	评价标准					
	学生表现评价					
	学习计划					
	任务目标					

工作领域5　后端数据管控分析

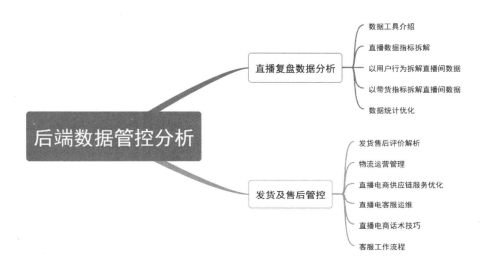

📋 任务目标

(1) 掌握直播复盘数据分析工具的使用。
(2) 掌握直播数据各项目指标分析并形成报告的方法。
(3) 能够通过直播数据分析结果持续优化直播活动设计。
(4) 掌握直播电商发货及售后流程。
(5) 了解直播电商客服各供应链服务环节的服务内容。
(6) 掌握直播电商客服与客户业务沟通技巧。

📋 任务背景

尚尚公司通过直播带货，获取了一部分粉丝客户及销售业绩。为持续开展直播电商销售，需要依据近期直播带货数据，分析直播带货各项经营指标数据，希望结合电商直播数据分析工具及指标，分析不足的原因，持续优化，继续提高销售业绩。在电商物流及客服环节，也希望规范团队的工作内容和任务。

职业能力清单见表5-1-1。

任务5.1 直播复盘数据分析

🔔 任务背景

了解表 5-1-1 所示的职业能力。

表5-1-1 职业能力清单

职业能力清单			
授课日期		授课班级	
课程名称		工学项目	
教学目标	知识与技能、过程与方法		
教学重点	本节课的主要教学内容，列出教学关键点、内容及过程(侧重体现突出重点、突破难点的方法措施)		
教学环节	该环节所处理的教学内容和组织形式	教学时间	
练习环节	课堂练习的内容(教材题、练习册题、补充练习题等)	练习时间	
职业能力	对应学习目标	知识技能	熟练掌握知识点
补充练习	拓展资料、参考资料等(根据需要填写)		

🔔 任务目标

小组成员共同协力完成专场直播后进行数据统计，要求完成以下资料：
(1) 直播数据统计。
(2) 直播复盘汇报 PPT。

🔔 任务分析

1. 数据工具介绍

统计直播数据的工具分为两类：官方数据统计和第三方数据统计。官方平台如：淘宝直播、快手、抖音等。第三方数据统计平台包含新榜、蝉妈妈、知瓜等。由于分析目标不同，两类数据平台的应用场景也不同。图 5-1-1 所示为淘宝直播平台的使用流程。

在淘宝直播官方平台能看到直播带货对应的数据，统计用户、服务、内容、商品、直播、时间等相应的数据指标，能够看到直播场次的详细数据，基于不同场次的数据对比，诊断优化直播节奏、选品组品、主播沟通话语等，并基于数据进行复盘，调整渠道策略、商品策略、内容策略和投放策略，如图 5-1-2 所示。

工作领域 5　后端数据管控分析

图5-1-1　淘宝直播平台使用流程

图5-1-2　淘宝直播数据统计

　　第三方平台数据统计维度上可以帮助商户搜集到更多同品类、同商家数据，分析竞争对手，为调整直播方向提供更全面的视角。通过第三方平台数据可以采集当下品类行业及用户感兴趣的方向，实时了解带货数据，如图5-1-3所示。

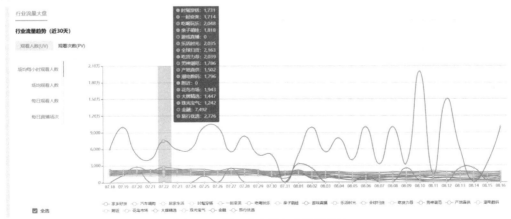

图5-1-3　第三方直播行业数据统计

第三方平台产品功能对应直播监察诊断的数据，如图 5-1-4 所示。
(1) 带货商品分析：抓取主播带货商品，快速获取销量等关键指标。
(2) 直播转化分析：分析近期直播情况，多角度洞察主播带货能力。
(3) 直播互动分析：查看直播间的互动内容，第一时间了解粉丝的需求。

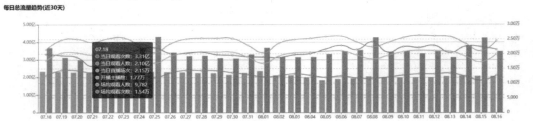

图5-1-4　第三方直播当日流量统计

(4) 商品数据分析：支持搜索商品，查看爆款商品合作的主播信息，提供销量数据等。
(5) 品牌数据分析：分析品牌整体直播带货情况，提升自我品牌带货能力。
(6) 竞店数据分析：直接查看同行业竞店直播投放数据情况，调整直播运营方向，如图 5-1-5 所示。

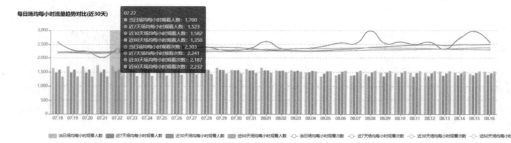

图5-1-5　第三方流量趋势对比统计

寻找优质人群是带货的关键步骤，分析直播间的用户偏好。粉丝分析页面中，会分为粉丝分析、粉丝团分析和直播间观众分析，如图 5-1-6 所示。

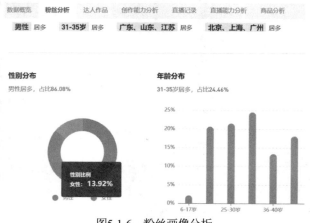

图5-1-6　粉丝画像分析

在直播间关注分析中有一个非常强大的模块,可以帮助我们查看阶段时间内直播间观众的消费偏好,如图 5-1-7 所示。

省份　　城市

粉丝最多的3个省份:广东(13.8%),山东(9.43%),江苏(9.09%)

广东	13.8%
山东	9.43%
江苏	9.09%
湖北	5.72%
安徽	5.05%

图5-1-7　粉丝地域分析

2. 直播数据指标拆解

直播间的数据指标(如图 5-1-8 所示)对应直播流量体系,用户从进入直播间到购买的完整路径对应每项指标,通过各项指标有针对性地进行优化。指标分为人气指标和销售指标,包含累计观看人数、累计进店人数、实时在线人数、观看转化率、单击率、停留时长、转化率、商品交易总额(GMV)和 UV 价值等。直播时虽然用的平台不一样,但直播指数大致相同,下面一起拆解这些指标。

直播概览　指标最多选择4个

直播场次	总观看人次	场均观看人次	场均人数峰值	总直播时长	场均直播时长
30	513.4w	17.1w	1270	478h19m	15h56m
较前30日 6.25%↓	较前30日 377.01%↑	较前30日 408.83%↑	较前30日 277.98%↑	较前30日 57.49%↑	较前30日 67.99%↑

场均在线人数	场均停留时长	带货场次	直播总销售额	场均直播销售额	场均千次观看成交
306	1m21s	30	3323.9w	110.8w	5600.1
较前30日 363.64%↑	较前30日 26.56%↑	较前30日 持平	较前30日 562.86%↑	较前30日 562.86%↑	较前30日 25.06%↑

图5-1-8　直播概览数据

(1) 直播间点击率:用户通过某个入口点进入直播间,这时候就产生了点击率;为了吸引用户点击,就需要优化直播封面图,吸引用户进入直播间。封面图点击率=直播频道页内封面图点击次数/封面图曝光次数。封面图被点击率越高,进直播间观看的人就越多。

(2) 平均观看时长(直播间内用户的平均观看时长):该数据直接反应了直播间内容是否有足够的吸引力,能否留住用户观看直播。这个时候就需要在直播的内容、节奏、流程、产品卖点上优化,吸引用户观看,如图 5-1-9 所示。

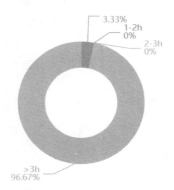
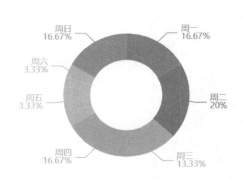

图5-1-9 直播时间分析

(3) 互动率：互动率=互动用户数/直播间访问用户数。互动行为包含点赞、评论、分享、关注。互动率越高，说明直播间的粉丝黏贴性越好，粉丝等级也越高。直接统计互动率＝公屏评论人数/观众总数，5%为及格，10%为优秀。可以通过互动方式、发送红包引导用户转发分享，提高互动率，如图5-1-10所示。

(4) 付费订单率：5%为及格，10%为优秀。算法为付费人数/观众总数，提高付费率需要在选品时做好商品的筛选。

图5-1-10 直播销量统计

(5) 点赞率：5000点赞/小时为及格，10 000点赞/小时为优秀，针对50人左右的小直播间，100人的翻倍，按这个比例算，人数递增点赞比例可以递减(大致30%)。提高点赞率的方法可以是通过优惠券刺激用户(如点满100赞领取优惠)，如图5-1-11所示。

(6) 关注率：观众总数小于1000人时，1%为及格，5%为优秀；观众总数大于1000人时，2%为及格，5%~10%为优秀，提高关注率的方法可以是通过优惠或发放红包等方式引导。

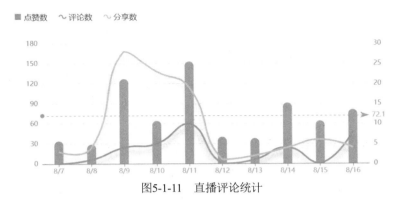

图5-1-11 直播评论统计

(7) 留存率：指用户观看直播停留的时长(以抖音直播为例，通过电脑端查看电商罗盘，每天直播都有一个平均停留时长)。用户观看的时间长为优秀。提高留存率的方法是做好直播安排，且对应每个时间节点。

(8) 新增粉丝数：指用户在直播间内的新增关注粉丝数。可以通过不同的新媒体渠道进行宣传，吸引用户关注直播间。

3. 以用户行为拆解直播间数据

以数据为导向优化直播间，依据用户行为指标拆解直播间数据，分别是人气指标、互动指标、商品指标和订单指标。四类指标就是直播间核心指数，应重点分析并进行流量分配，如图5-1-12所示。

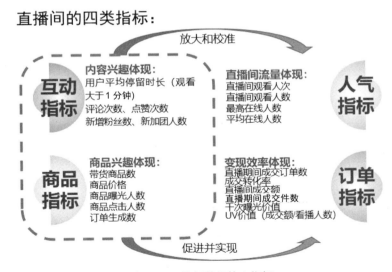

图5-1-12 指标数据核心指标

人气指标指的是直播间的观看人数、最高在线人数、平均在线人数等，是直播间整体流量的体现，人气指标更多会受到互动指标和商品指标的影响。在优化数据时需要相辅相成，提高用户的互动率和商品选品，而不是单一地依托人气指标。从人气指标角度来看，互动指标和商品指标相互依托，起到放大和校准的作用，指标越高越优秀，如图5-1-13所示。

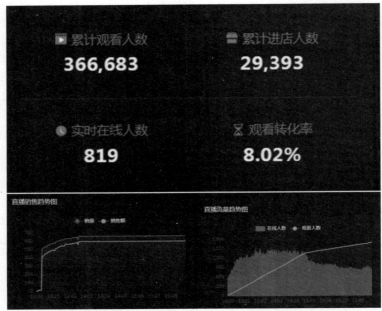

图5-1-13　从数据统计平台查看某直播间某时段的人气指标

互动指标反应的是用户对于直播内容的兴趣,如用户平均停留时长、评论、点赞、关注等。商品指标反应的是用户对于商品的兴趣,最直接的体现就是商品转化漏斗,从商品曝光到商品被点击再到订单转化。而最后,订单指标则是变现效率的体现,包括平台更重视的 GPM(千次展现成交额);商家更重视的 PPM(千次展现利润)等流量趋势,如图 5-1-14 所示。

图5-1-14　数据概览

分维度观察实时数据外,我们可以分别点选互动指标和商品指标的核心数据,比如互动中点关注、评论率;商品中的曝光、点击率,然后和人气指标进行对比。由此可以得到互动指标、商品指标对于流量趋势的影响。

从订单指标的角度来看,互动指标和商品指标起到的则是促进的作用,互动指标可以促进直播间氛围,刺激用户进行购买。而商品指标则在于整体的转化漏斗效率的提升,在漏斗中,订单转化本就是最后一个环节。因此,对直播趋势分析时,我们也应该将重点落在以上几个指标维度上,如图 5-1-15 所示。

商品指标要做好品类调整,做到具体观察、提高转化,如高点击率、高成交率的畅销品,更应该做的是增量,提高讲解时长。低点击、高成交的优质潜力品,应该加强商品促单引导,提高讲解时长并着手进行下一步的测试。高点击、低成交的商品,通常是商品讲解有力,但产品本身出现问题,可以通过优惠券提高转化率。低点击、低成交的商品属于滞销品,应减少讲解时长,通过促销、优惠吸引购买。

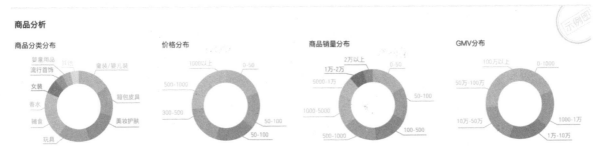

图5-1-15　商品数据概览

流量与互动指标、商品指标相关,应调整好直播策略。主播在行为上要善于做好互动引导、讲解商品、发放优惠券,在选品上下功夫提高用户对于直播间内容的兴趣,提高用户的有效停留时间。

4. 以带货指标拆解直播间数据

直播前引流决定直播间的点击率和曝光量,先清楚知道用户最好在进入直播间形成一个完整的消费路径。商品点击率、成单意向率、订单付款率都是由此构成,这个路径是消费者的一个决策路径:观看→增长/停留→点击→成单→复购。针对各项路径针对性地提高优化,以获取更多更精准、更优质的流量,以助力直播卖出更多商品,如图5-1-16所示。

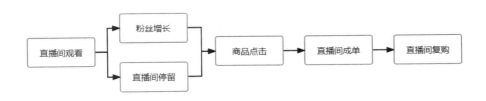

图5-1-16　带货直播流程概览

消费路径是如何触达到更多用户和消费者的?首先是通过封面和标题吸引用户进入直播间,直播封面图转发策略本质就是吸引粉丝点击,配上点击转化文案让封面点击率得到提升。

直播内容活动设置促使直播间粉丝增长和停留观看时长增加,通过商品点击率、直播间成单和互动率相对应,做好分享券、关注券、点赞券、观看券、评论券的使用配置。如图5-1-17所示为商品销售额统计。

商品曝光率是在直播过程中,一款商品有多少次被展示在用户面前,这是带货的过程数据中的决定性因素。商品曝光率面对用户的触达,关键是主播以及运营有没有及时为讲解做好互动准备及引导,一方面是我们平时看到的直播页面中的商品框;另一方面是助播或者运营拿起手机对着观众营销商品。

图5-1-17 从数据统计平台查看某商品某时段的销售额

互动案例：

"小伙伴们，点击下方小黄车，再点击三号链接领券购买我们的×××产品。"

商品点击率反映观众点击商品的几率，具体参考的指标是商品点击率在15%以上，这个商品就有可能成为直播间爆款商品。

而提升商品点击率的关键要点有以下两个方面：

一是主播的讲解介绍能力，有没有具体展示以及针对用户的痛点进行产品营销；二是产品吸引力，在开播前需要判断出直播间的爆款产品，连同主播的互动，具体到不同的商品上，不同的商品也会给观众带去不一样的产品冲击力。

创建订单率这项数据，是用户看了商品之后点击购买的几率，也可以从侧面看出观众想要购买商品的欲望。

针对此项数据，比较优秀的直播间能够做到25%以上，每点击10次商品信息，就会有4～5次的几率创建订单，创单率更多考核的是主播的促单逼单能力，如图5-1-18所示。

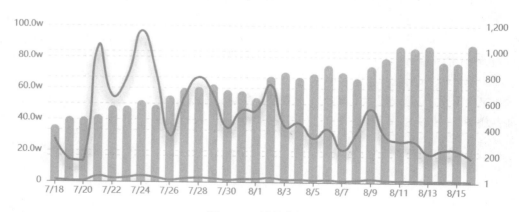

图5-1-18 销量数据

例如：提高商品点击率。

提高点击商品、点击购物车的几率要依靠助播做一些引导，例如把手机放到镜头前，对着摄像头说：

“点击下方购物车的×号链接领券下单购买。”

这样会有非常多的用户跟着这个动作点击购物车、点击商品，因为购买也可以是一个潜意识的引导。这样就可增加商品的点击率，如图5-1-19所示。

图5-1-19　互动性引导增加点击率

在提高付款率的同时做一些促销的福利活动也可以获客，付款率由客单价影响，公式为销售额=销量×客单价。

举例：A直播间卖500块钱的东西，B直播间卖50块钱的东西，同样场观都是十个人的情况下，想要达到500元的销售额，是A直播间容易还是B直播间容易？答案不言而喻。直播间客单价越高，对应的UV价值也会越高。通过福利促销款，以低价格来换取用户下单，利润款则是直播间主要盈利的商品，为直播间获取流量。

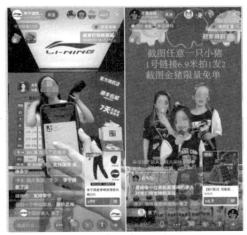

直播间的流量来源，通过客单价促销流量的话，UV值肯定也会受到一定程度的影响。

5. 数据统计优化

(1) 直播成效的数据采集与数据分析

了解了直播间数据源指数，接下来制作直播成效分析表，通过分析表我们需要知道这些数据的源头在哪里以及怎么对其进行分析，如图5-1-20所示。

第X场直播策划										
直播目标	直播目的									
	目标用户									
	直播主题									
	直播人员									
	直播场地									
	直播时间									
	直播目标									
	直播商品									
	直播利益点									
	直播目标拆解	直播商	直播时长	观看人	购买人数	购买转化率	客单价	直播GMV	预计销售量	总备货量
直播营销玩法	目的	利益点	玩法	次数	奖品ID	奖品名称	商品数量	成本（元）	发奖说明	协助人员
直播营销预算	项目	商品ID	商品名称	商品数量	成本单价（元）	成本（元）	备注/奖品设置	备注：直播推广有专人负责，暂不放入直播策划表		

图5-1-20　直播计划目标模板

了解直播间目前的直播效果;衡量直播间的活动运营情况;借助数据判断直播活动、内容的改进方向。

(2) 对"带货指标"的各项关注要点及影响因素/重要性进行总结,如图5-1-21所示。

数据指标	含义及关注要点	备注
带货转化率	商品对观众展现的几率	人、货、场
商品曝光率	观众点击界面的几率	主播、助播有无及时讲解促销
商品点击率	观众点击商品的几率	主播讲解能力、产品竞争力及吸引力
创建订单率	用户看商品后点击购买的几率	主播促单、逼单能力
付款率	创建订单后付款的比例,至少达成80%(常规过款直播间)	主播促单、逼单能力
UV价值	进入直播间用户平均消费的金额	客单价、主播转化力、流量来源
销售额	销售额=销量×客单价	宠粉款、利润款销量

图5-1-21 带货数据维度

(3) 对"用户行为维度数据"的各项关注要点及影响因素/重要性进行分析,做好用户沉淀,继而做运营、做转化,如图5-1-22所示。

	数据指标	关注要点	影响因素/重要性
直播用户行为维度	涨粉数据	① 粉丝来源:直播/视频涨粉占比 ② 转粉率指标:2%以上为优秀	① 粉丝的来源对应不同的转化路径 ② 直播间引导粉丝的能力
	场观人数/场观人次	直播间的重复进入率	有产品优势的主播以及大牌主播,直播间重复进入率会更高
	停留时间	① 老粉丝停留指标:90秒以上 ② 新粉丝停留指标:45秒以上	① 老粉丝粘性 ② 留下粉丝的能力
	互动数据	点赞、评论、点击购物车	直播间热度,影响下一阶段的进入流量
	粉丝活跃时间分布	① 每日活跃时段 ② 每周活跃时段	① 最大程度消费用户的时间段 ② 避开老粉重度活跃时段,突破流量瓶颈
	弹幕情况	① 首次发言率 ② 商品关联弹幕率	① 新用户带动成效 ② 因商品停留的用户量

图5-1-22 直播用户维度分析

(4) 负责直播场控的人员把控好直播核心数据指标,主播、副播做好直播间商品的点击率及用户的停留时长,增加粉丝互动率,如图5-1-23所示为核心指标。

数据指标	监控动作及意义
投放直播间点击率	直播间穿透力→主播状态
商品点击率	观众对于商品的意向度
转粉率/评论次数	对主播/产品的认可度
平均停留时间	排除掉产品因素，新粉丝停留主要靠主播
带货转化率	主播实际刺激销售情况
订单付款率	主播的促单能力

图5-1-23 核心指标

任务准备

在调研过程中对于直播间账号数据的分析，重心不应是结果数据而应是过程数据，直播过程决定结果，分类别进行数据统计，帮助我们明确账号阶段以及账号变化，让账号成长有迹可循。

数据分析帮助我们倒推问题，基于目前遇到的问题提升直播间对应的数据，进而提升直播间整体权重，好的直播成绩是团队共同努力的结果。

为了让我们更直观地分析直播间活动与内容展现效果，制作直播成效分析表，对直播带货实战任务进行数据统计，如图5-1-24所示。

目标	维度	释义
留存指标	直播间留存指标	用户留存率（用户某时间段在直播间购买了，过了一段时间，仍然会来观看直播购买单品） 用户留存率=留存用户/当初的总用户数 做直播的人应该都知道次日留存是很重要的指标，用户愿意第二天继续观看直播才能认为这场直播是成功的，否则需要根据数据去复盘究竟问题出在人货场的哪一端口
	用户流失率	流失率=流失用户/当初的总用户数（也就是总用户数减去留存人数） 流失率的重要性在于，它可以一定程度上预测一个直播间（产品）的生命周期； 如果某直播间周用户流失率为百分之四十（前提是没有新增用户）那么三周就失去了所有用户。这样的数据下，不改变只能等死。
转化指标	总商品交易额（GMV）	对于直播而言最重要的转化指标就是GMV 但是GMV是不完全准确的数据，因为只要下单无论付款与否，都会算进去。（一般战报里大多是GMV）
	支付金额	这个数据比起GMV更精准，指用户的实际交易额（剔除了退款等金额以后）
	付费用户量	在产品中发生过交易行为的用户，精细划分下分为首单用户（新客）/忠诚消费用户/回流消费用户（一段时间未购买，但是又复购） 如果要预估用户的购买力，可以研究在直播间购买的用户比例： 付费比例=付费用户/直播间总用户
	复购率	众所周知，维护老粉比获取新流量成本低，因为平台的新流量确实已经快到瓶颈了。 直播的优势就在于产品非一次性消费，购买过的用户会形成习惯持续性购买 提升复购率，也是提升直播间带货能力的重要指标。 复购率：单位时间内，消费两次及以上的用户/购买总用户
浏览指标	浏览次数	看过直播并且离开直播间的累计人次，一个ID多次进出直播间可叠加，浏览次数通常大于观看量
	商品点击次数	整场直播中所进直播间的人点击商品的次数，一个人多次点击可叠加
	粉丝浏览次数	关注过主播的用户进出直播间的次数
	读者浏览次数	未关注主播的用户进出直播间的次数

图5-1-24 直播前后指标统计图

任务评价

根据完成情况对本次直播的最终结果进行打分，评比表共分为2个维度：直播推广和直播数据。每个维度100分，共计200分。

直播推广维度分为 5 个打分项，直播数据维度分为 10 个打分项，分值为 10～30 分，根据实际完成情况进行打分，如表 5-1-2 所示。

表5-1-2　直播实训评比表

直播推广			直播数据		
评估事项	得分		评估事项	得分	
提前图文预热	20		曝光量	10	
			新增关注	10	
直播当天短视频预热	20		互动人数	10	
			停留时长	10	
直播前一小时预热	20		商品点击数	10	
			成交人数	10	
直播中直播间曝光量	10		成单率	10	
			成交额	10	
直播间人次	30		封面点击率	10	
			互动率	10	
直播推广总分：100			数据总分：100		

任务操作

1. 直播实训数据统计

统计直播带货实战数据，填写表 5-1-3。

表5-1-3　直播统计总表

直播标题	开播时间	直播间浏览量	封面图点击率	平均观看时长	互动率	新增粉丝数	粉丝回访	商品点击次数	直播时长

2. 直播间数据分析

统计每场日流量，填写表5-1-4。

表5-1-4　单次直播统计

成交金额	转化率	浏览次数PV	浏览人数UV	新流量	支付人数	停留时长	直播商品数

注：PV(page view)指网页浏览量，UV(unique visitor)指独立访客。

3. 直播间数据概览

填写表5-1-5。

表5-1-5　直播概览表

用户数据：

近七天：

总观看人次	观看人次	人数峰值	互动人数	粉丝互动率	转粉率	新增用户

4. 商品销售统计

填写表5-1-6。

表5-1-6 商品销售数据统计表

近七天：

日期	商品名称	直播销量	最低价	订单数	浏览量	商品转化率	直播销售额

5. 直播实训评比表

填写如表 5-1-7 所示的直播推广数据效果评分。

表5-1-7 直播推广数据效果评分表

直播推广			直播数据		
评估事项	满分	得分	评估事项	满分	得分
提前图文预热	20		曝光量	10	
			新增关注	10	
直播当天短视频预热	20		互动人数	10	
			停留时长	10	
直播前一小时朋友圈预热	20		商品点击数	10	
			成交人数	10	
直播中直播间曝光量	10		成单率	10	
			成交额	10	
直播间人次	30		封面点击率	10	
			互动率	10	
主播总分：100			数据总分：100		

任务实践评价

项目设计与岗位工作相对接，任务设置合理、具体，教学目标明确，符合专业培养标准，体现知识、能力、素质全面发展的理念。遵循职业教育规律，科学合理设计教学过程，要体现与实训过程对接。

(1) 有明确具体的实训要求，严格执行安全、文明等规定，学生无违纪与事故发生。

(2) 教·学·练·做一体，体现工学结合等职业教育特色。

(3) 注重学生能力培养、创新意识培养，注重学生安全、文明、敬业、负责、诚信、守时、团队协作等职业素质的养成。

(4) 进行巡回检查，及时答疑、指导与讨论，注重启发、引导学生自学和思考。

填写表 5-1-8 中的各项内容。

表5-1-8 任务实践工单

任务实践工单					
时间：_____年___月___日——_____年___月___日					
专业名称			班级		
项目实训环节组织与实施	实训内容				
	工学项目				
	所属任务				
	知识技能点				
	操作流程				
评价与效果		S	A	B	C	D
	评价标准					
	学生表现评价					
	学习计划					
	任务目标					

任务5.2　发货及售后管控

任务背景

电商直播结束后，销售订单发货、售后维护是直播流程中颇为重要的一环，也是必须掌握的能力之一。参与"发货及售后管控"可让学员掌握物流发货及售后服务管理规范，具备岗位履行能力。职业能力清单如表 5-2-1 所示。

"客服需具备的能力"微课视频

表5-2-1 职业能力清单

职业能力清单

授课日期		授课班级	
课程名称		工学项目	
教学目标	知识与技能、过程与方法		
教学重点	本节课的主要教学内容，列出教学关键点、内容及过程(侧重体现突出重点、突破难点的方法措施)		
教学环节	该环节所处理的教学内容和组织形式	教学时间	
练习环节	课堂练习的内容(教材题、练习册题、补充练习题等)	练习时间	
职业能力	对应学习目标	知识技能	熟练掌握知识点
补充练习	拓展资料、参考资料等(根据需要填写)		

🔔 任务目标

小组成员共同协力完成专场直播结束后的客服评价，要求完成以下资料：

(1) 客服数据统计；

(2) 客服适应力评价。

🔔 任务分析

1. 发货售后评价解析

直播电商发货、处理订单、售后处理流程及注意事项如图 5-2-1 所示。

(1) 对于成长型的新手，发货管理需要重点关注的是发货时限。发货时限指自订单成交之时算起，到上传物流单号后结束。因此，商品售卖后记得关注订单成交的时间，别计算错了发货时限，同时，务必认真无误地上传物流单号，方便顾客查看，如图 5-2-2 所示。

工作领域 5　后端数据管控分析

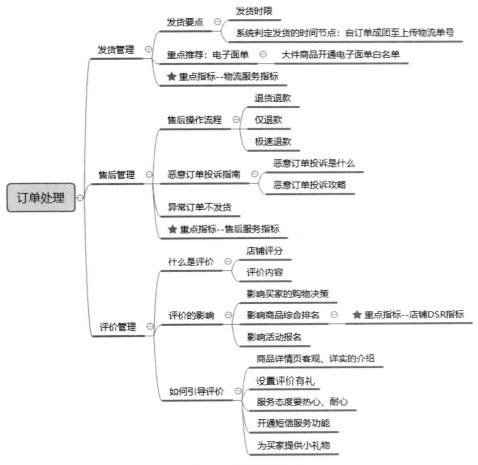

图5-2-1　发货流程参考

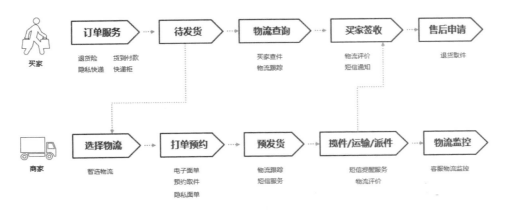

图5-2-2　发货物流流程

(2) 电子面单是一项帮助商家高效、低成本地获取快递单号并打印面单的物流服务。商家通过平台开通电子面单服务后，联系快递网点进行审核与充值，即可使用打单工具打印快递面单，完成发货，如图 5-2-3 所示。

图5-2-3 电子面单

(3) 售后服务指标。售后服务指标是经营过程中需要关注的重点服务指标，具体影响售后服务指标的五项细分指标为平台介入、纠纷退款、品质退款、退款时长、恶意订单。如图 5-2-4 所示为退货退款售后流程。

平台介入：指有平台介入的订单。

纠纷退款：指平台介入、退款成功且判定为商家责任的退款订单。

品质退款：指因商品质量问题而发生的退款，主要原因有两点：质量问题及货物与描述不符。

退款时长：指近 30 天退款成功的总时长除以近 30 天退款成功的订单数。

恶意订单：指可以申诉解罚、维护自身权利的订单。

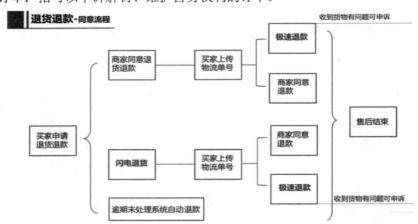

图5-2-4 退货退款售后流程

(4) 评价引导。买家基于真实的交易在订单确认收货后对交易进行评价。主播及店铺口碑排名影响用户购物决策，95%的买家购物之前都会参考评价，如图 5-2-5 所示。

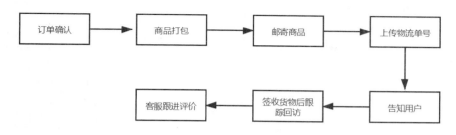

图5-2-5 全链路流程

2. 物流运营管理攻略

(1) 直播电商物流选择

快递物流的配送效率直接影响商品配送率，配送率因素影响消费者的购买体验。为了提升直播用户的购买体验，直播前一定综合考虑各个因素，最好选择一家快递服务性价比高的公司，如表5-2-2所示。

对运输速度、服务支持、覆盖网点、赔偿条款和保价情况、服务水平进行全面的分析、比较，这些都是选择快递公司要考虑的因素。

表5-2-2 物流筛选表

选择方法	具体事项
资费标准	价格通常是卖家考虑的第一要素，因为如果包邮的话，快递价格太高，自己就没多少利润了，这时就要结合自己产品的成本和定价的实际情况，选择自己有一个不错的利润空间的快递公司
时效速度	通过递邮寄包裹，根据实际的物流信息更新情况、运输时效选择快递公司，快递速度影响资金回收率。这里的速度包括快递公司业务员上门服务(取件)的速度、物品送达客户手中的速度
包裹安全	指快递公司的丢件率及货物在运输途中的损坏情况，运输时商品受到损坏，消费者会对商品有很大的不满情绪
覆盖网点	要考虑快递公司的配送区域，如果自己的产品面向农村或是偏远地区，就要看快递能否配送到农村及一些偏远地区
快递赔率	快递赔偿情况，尽量选择赔偿金额或倍数高而且保价率低的快递公司，这样一旦发生快递物品损坏、丢失等情况，可以获得相对的赔偿
根据商品选择快递公司	结合直播商品类型选择快递公司。不同类型的产品对快递的配送要求也不同。例如，如果商家销售的是生鲜产品，必须选择冷链运输速度快的物流；贵重物品，则选择有保障的物流公司

(2) 直播电商物流体验优化

直播电商卖家必须重视信誉、顾客的好评，力求为顾客提供更优质的服务，提高顾客对本次交易的满意度。当顾客因为快递速度慢或者快递人员态度差给出差评时，商家会感到无奈。但整个过程出现的所有问题都应该由商家承担。为此，要掌握优化物流的方法，降低类似情况

发生的概率，如表 5-2-3 所示。

表5-2-3 物流服务优化表

流程	具体事项
做好售后服务	买家因物流问题给出差评后，做好售后服务，表达歉意，认真解释物流事宜，处理好还未解决的物流问题，尽力获得客户的谅解
降低物流成本	许多商家提供包邮服务，因此快递成本在网店运营的总成本中占有一定的比例。为了减少成本，网店需要降低快递成本，选择适合店铺的快递公司
选择快递公司	最好与多家快递公司合作，根据顾客购买的商品价值、距离、数量选择相应的物流公司，取长补短。设置发货时间，明确告知顾客，客服可询问买家对快递的要求，如果希望快速到达，可以补缴运费，防止顾客因为快递的原因给出差评

(3) 物流成本控制

直播电商运营过程中会产生相应的成本，物流成本是其中的一项。降低物流运输成本，就能获得更多利润。削减物流成本的具体做法如表 5-2-4 所示。

表5-2-4 物流成本优化表

方法策略	具体事项
调整成本费用	提高产品价格以降低运费，并提供免费送货(仅当销售高客单价的产品时)，计算出订单的平均运费后向所有客户提供固定免运费额度，监控订单退货率及退货政策、是否应该让客户负责支付退换货运费等
选择快递公司	(1) 发货前必须对市场上的多家快递公司进行咨询，可以通过官网或官方客服联系快递骑手，选择收费低、信誉高、服务好的快递公司进行合作 (2) 确定好不同地区运费及快递重量计费成本，想要节省更多成本，也可以选择平邮的方式，平邮可以按照里程及重量收费，价格比普通快递相对低
降低包装成本	按照所售卖的商品选择产品的包装盒。若售卖的商品是电子类商品，可以用海绵泡沫等；供货商寄来的商品纸盒也可以二次利用。包装尺寸不超出主要承运商使用的标准包装箱尺寸，否则需要支付额外的物流费用

3. 直播电商供应链服务优化

接下来介绍直播电商受物流运输破损、挤压包装及效率影响问题及售后解决方案。

(1) 商品丢失

发货时要保存好产品的快递详单，以免遇到丢件情况时没有发货证据。然后随时跟进物流情况，一旦发现货品丢失快速联系物流公司客服，协商解决方案。物流公司客服会给出丢件的处理方案，一般会按照 3 倍的标准赔偿运费。若直播时售卖的商品金额较高，在发货时必须保价，一定要将丢件风险损失降到最低。

(2) 收发快递的注意事项

发出货品时必须认真填写寄件单上的所有信息，将寄件日期核对好，这样既能帮助自己查询发货时间，也有助于估算商品到达客户手里的时间。

直播过程中用户购买了商品，客服人员应及时确定地址，明确告知消费者先验货再签收。为了提高查件效率，应留存快递单号，随时查看物流情况，实时跟进快递信息，发出后及时告知消费者，以增加好感度，避免因快递问题导致客户差评。

(3) 物流商品售后注意事项

快递配送时效久，用户没有收到商品会出现不好的购物体验，碰到此类问题可根据物流情况回应消费者，例如：因天气原因没有寄出去商品等。或者提醒消费者，快递需要中转，花费时间较长，耐心等待。如果商品在运输过程中丢失或消费者收到时已损坏，及时联系快递公司，给消费者作出补偿。

(4) 产品包装

接收到商品发货通知时，必须严谨做好装箱打包并密封好，如图 5-2-6 所示。长途运输过程中包装不严会导致产品受损，如果是电子品类商品，应做好防水处理，箱子多余空间要塞满。这样商品不会被晃动。易碎品、贵重商品应做好标签说明，提醒运输人员注意。

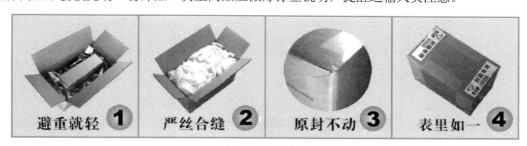

图5-2-6　商品包装

4. 直播电商客服运维

直播电商客服需要和消费者在售前售中售后交流沟通，客服的业务能力与综合素质需要在日常工作中培养，接下来我们将客服人员工作进行拆解并分析其工作流程，如图 5-2-7 所示。

图5-2-7　客服工作方法

(1) 掌握客服工具后台的使用。电商平台都有与用户沟通的插件工具，客服人员首先应熟练使用操作工具，熟悉平台规则，才能提高沟通效率。例如：买家临时改变想法，更改产品型号、送货地址等购买信息时，就需要修改订单备注。

(2) 熟悉直播售卖的产品及库存。客服岗要对直播时售卖的产品特性、材质、型号、功能、使用方法等都很熟悉，能系统专业地为买家讲解，也要了解实际库存和显示库存的差异，防止出现客户下单后却无法正常发货的情况。

(3) 优秀的客服带来转化和成交。接待顾客时要注意使用礼貌用语，要具备良好的沟通态度，对顾客的提问应及时给予答复。遇到需要查询的问题，告知顾客稍等或索要顾客联系方式，找到答案后及时告知顾客。交易完成后引导顾客评价，可以通过赠送代金券等方式引导顾客分享产品体验，以促进二次购买。遇到中、差评时，应第一时间了解原因，进行补救反馈，优化整体流程，如图 5-2-8 所示。

 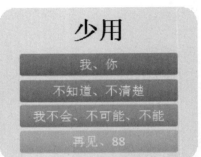

图5-2-8　客服沟通方法

(4) 具备服务意识。及时与顾客核对订单信息，有时客户因为疏忽填错地址或电话，导致配送出现问题，如果客服能在顾客下单后及时向顾客确认订单信息，就可以大幅降低这种问题发生的概率。订单发货后，告知顾客订单发货信息细节，提高顾客的好感度。直播时有些顾客下单后未付款，客服可以在适当的时间(如截单时间快到时)提醒顾客及时支付。同时客服要向顾客表达感谢，感谢顾客购买产品，感谢顾客对店铺的支持，以赢得好评率。客服工作规范化流程如图 5-2-9 所示。

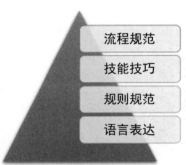

图5-2-9　客服工作规范化流程

5. 直播电商沟通技巧

对于客服来说，面对顾客售前售后的沟通流程就很重要了。客服在直播电商里扮演的角色很重要，优秀的客服团队有助于增加商品成交。只有让客服为顾客提供优质的服务，主播才能赢得顾客喜爱，也能为询单、催单、成单做好转化，如图 5-2-10 所示。

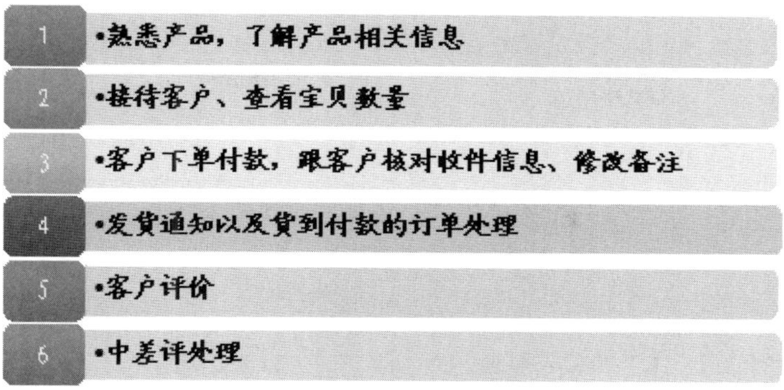

1. 熟悉产品，了解产品相关信息
2. 接待客户、查看宝贝数量
3. 客户下单付款，跟客户核对收件信息、修改备注
4. 发货通知以及货到付款的订单处理
5. 客户评价
6. 中差评处理

图5-2-10　售前售后服务流程

下面介绍直播时与客户有效沟通的几个技巧。

(1) 打招呼的方式

当买家询问是否"在"的时候，客服必须以最快的速度回复客户，为了能及时处理，可以设置自动回复，例如："你好，亲，等你很久了，有什么可以为你服务的吗？"。

(2) 回答与推荐方式

对于买家询问的商品，要将产品的功效、质量、价格、包装等告知买家；同时要表现出自己的专业性，让顾客感到自己的用心。如果没有库存，要讲究回答推荐技巧，例如：可以回复说"非常抱歉！亲，有相似的款式，并且都是新款，这是产品链接，你看一下。"

(3) 议价的方式

电商直播开始时会将优惠信息告知顾客，如果顾客希望价格再优惠一些，这时客服可以告诉顾客优惠力度已经非常大了，概不让价，但可以送顾客一个赠品，让顾客感觉虽然没能再次让商家降价，但还是占到了便宜。客服可以委婉地表达出所售卖产品的各个方面都比同类产品好，物有所值。通过这种方式打消顾客的疑虑，让顾客放心购买。

(4) 核实跟进方式

做好核实跟进。顾客下单付款后，客服确认订单信息并告知发货通知，让顾客感受到客服认真负责的态度。实时跟进顾客的付款情况，用户下单未付款，主动联系顾客，可以说："你好！亲，商品已经为你准备好了，付款后立即发货"，以帮助主播完成交易，增加成单率。

(5) 道别的方式

无论最后买卖成交与否，和买家道别时都要客气、礼貌，不要有情绪。买卖成交时，简洁明了地回复："非常感谢你的支持，我们会尽快发货，祝你生活愉快！"，若没有成交可以回复："欢迎您下次再来"，如图 5-2-11 所示。

检查大类	小类名称	具体检查内容
规则质检	基础服务	礼貌称呼客户
		不让顾客等候过长
		欢迎语规范
		结束语规范
		顾客长时间未响应询单
		情绪控制
		不使用易引起歧义的表情
	专业服务	挖掘客户需求
		给出客户建议
		推荐产品
		主动提及店铺活动
		主动连带其他商品
	沟通技巧	没有错别字
		不出现刷屏行为
		不存在机械式回复
		不存在消息撤回
	异议解答	对于客户的质疑给出合理、正面解释
		回复客户所有问题
	其他项	不得仅发送链接
		快捷使用
关键词质检	敏感关键词	敏感词设置示例
基础违规质检（静态数据质检）	答问比检测	答问比
	单句应答字数违规	单句应答字数
	平均应答字数检测	平均应答字数
	慢应答违规	单句应答时长
	平均应答时长违规	平均应答时长
	首次应答时长违规	首次应答时长

图5-2-11　客服沟通对照表

客服沟通模板对顾客相应问题场景进行回复，帮助主播直播时赢得顾客的好感度，使客户成为忠实顾客，增加复购率，如表 5-2-5 所示。

表5-2-5　客服沟通模板表

类型	客服沟通引导
欢迎类	你好，欢迎光临×××店铺，我们竭诚为你服务！ 马上帮你查询看看，请稍等一下 你别着急，这里立刻帮你核实一下情况。麻烦你提供一下订单号，好吗？
咨询未下单	你好，你喜欢的话，还希望你能尽快下单哦，这样我们就可以尽早给你安排发货，你就可以早点收到心仪的商品啦！

(续表)

类型	客服沟通引导
退换货类	退货流程：①确认收货→②申请退换→③寄出商品。示例：为了尽快给你办理退换货业务，请你务必在售后服务卡上面写清楚订单编号、订单收件人和联系方式哦
安抚类	非常抱歉，你不要着急，可能我们之前的服务没有做好，真的很抱歉。 给你带来的不便深表歉意，我们这边会有专人跟进你的问题，稍后会电话联系你，请你注意接听，如有什么问题可以随时联系我们
赞美类	非常感谢你这么好的建议，我们会不断改进服务，让你满意的。 感谢你对我们服务的监督，这将让我们做得更好
发货物流问题	(催件)非常抱歉，近期订单量较大，快递小哥已经快马加鞭为你配送了哦，还请你耐心等待一下的哦！ (丢件)亲，不好意思，这边给你查询到快递在物流运输途中丢件了，我们这边给你退款或者再为你补发一件，你看可以吗？ (已发货退款)亲，这边看到你购买的商品已经发货了呢，这边会联系物流尝试拦截，麻烦你关注一下物流动态，若拦截失败，还请你拒收一下呢。退回商品仓库签收后，会尽快为你处理退款的
商品问题	(确认质量问题退/换)亲，可以退/换哦，麻烦先寄回，并在你寄回来的包裹里面附上一张纸条(备注好你的订单编号、姓名、联系电话、要换的码数)，我们收到货后会尽快为你退款/换货。(仅限七天无理由退换商品) (非质量问题退换货)亲，这边先帮你确认一下是否有货，有货的话你可以将商品寄回。在快递中备注好你的订单编号、姓名、联系电话、要换的码数，我们收到货以后为你退款/换货，且非质量问题，运费自理的哦！(仅限七天无理由退换商品)
售后查询	显示派送：亲，快递近两天会为你安排派送，请你保持通讯畅通，注意查收包裹，若长时间没有收到商品，可以随时联系我们哦！ 显示签收：亲，你好，你的包裹已经显示签收了呢，后期如果有使用上的问题请你及时联系，我们在线客服为你处理，再次祝你购物愉快～～ 显示物流有异常：联系物流查询一下具体是什么原因异常，然后根据不同情况及时给客户留言。 (已签收，未收到) 亲，这边给你反馈一下，物流会尽快为你核实处理的。 亲，你的快递会不会是被朋友或者亲人签收了呢？ 亲，可能快递还在派送途中，会为你安排派送，请你保持通讯畅通，注意查收包裹，若长时间没有收到商品，可以随时联系我们哦！
结束类	你客气了，这是我们该做的，请问还有其他问题可以帮到你吗？ 你好，你的订单已通过××快递发出，大概三天左右到达你那里，请保持电话畅通，方便快递师傅联系你！如果有什么问题请随时联系我们在线客服，真诚为你服务，谢谢你对我们店铺的支持！

6. 客服工作流程

(1) 直播实训客服日常工作计划如图 5-2-12 和图 5-2-13 所示。

每日要做的工作参考表			
项目	时间	大项	细项内容
准备工作	09:00	准备工作	① 在线客服、公司QQ ② 登录网店管家后台系统 ③ 登录公司邮箱 ④ 打开官方网站、店铺

图5-2-12 客服每日准备工作表

项目	时间	大项	细项内容
日常工作	09:00—10:00	协调工作	① 查看网站是否显示正常，是否登录、浏览正常 ② 跟进、回复处理各部门需协调的工作 ③ 回复在线客服留言
	09:00—20:00	受理客户咨询	① 负责在线客户销售咨询、信息查询及疑难问题的解答工作 ② 协助客户进行订单登记工作
	09:00—20:00	投诉受理	① 对客户的投诉做好相应的记录、总结，并予以解决，将相关信息反映给上级 ② 对于重大投诉，需要公司统一协调的，报管理部门处理解决
	11:00—18:00	订单处理	① 修正、审核订单 ② 客户订单确认工作 ③ 订单发货工作(仓库发货信息跟踪反馈)

图5-2-13 客服日常工作表

(2) 客服工作能力考核评价标准，帮助员工具备客服岗专业知识，提高专业品质，如图 5-2-14 所示。

项目	考核内容	评价标准	评价
工作能力	专业知识	① 了解网店产品基本知识 ② 熟悉本行业及本店销售的产品 ③ 熟练掌握本岗位所具备的专业知识，但对其他相关知识了解不多 ④ 熟练掌握业务知识及其他相关知识	
	导购能力	① 较弱，无法自如地应对买家对产品的询问 ② 一般，只能应对买家对于产品基本情况的咨询 ③ 较强，能对买家对于产品咨询做出正确解答，并推荐其他产品 ④ 非常强，能迅速地对买家感兴趣的产品做出正确解答，推荐其他产品组合，并能为买家提供产品相关知识的解答	
	沟通能力	① 能较清晰地表达自己的想法 ② 有一定的说服能力 ③ 能有效地化解矛盾 ④ 能灵活运用多种谈话技巧和他人进行沟通	
	灵活应变能力	① 思想比较保守，应变能力较弱 ② 有一定的灵活应变能力 ③ 应变能力较强，能根据客观环境的变化灵活地采取相应的措施	

图5-2-14 工作能力评价标准

(3) 客服工作态度考核评价标准(图 5-2-15)，需要明白自己的工作性质，对待客户的态度要好，具备良好的沟通能力，有一定的谈判能力。

项目	考核内容	评价标准	评价
工作态度	员工出勤率	① 员工月度出勤率达到100%，得满分，迟到一次扣1分（3次及以内） ② 月度累计迟到3次以上者，该项得分为0	
	网店礼仪规范	如不按照本店规范聊天用语操作，违反一次，扣2分	
	责任感	① 工作马虎，不能保质保量地完成工作任务且态度不认真 ② 自觉地完成工作任务，但对工作中的失误有时推卸责任 ③ 自觉地完成工作任务且对自己的行为负责 ④ 除了做好自己的本职工作外，还主动承担公司内部额外的工作	
	服务态度	出现一次客户投诉或差评，扣2分 旺旺客服聊天记录如出现不礼貌用语，扣2分	
	报告提交	① 在规定的时间之内将相关报告交到指定处，加1分，否则记0分 ② 报告的质量评分为2分，达到此标准者，加1分，否则记0分	
	团队规章制度	每违规一次，该项扣1分	
	团队协作	因个人原因而影响整个团队工作，该项扣除3分	

图5-2-15　工作态度评价标准

（4）客服工作绩效参考表。直播电商客服客户服务绩效管理是指管理人员和员工通过沟通、协作激励的方式，将客服职责、管理的方式及员工的绩效目标确定下来，帮助客服岗清晰工作流程，便于管理，如图5-2-16所示。

考核项目		考核指标	评价标准
工作绩效	定量指标	销售额完成率	考核标准为100%，每低于5%，扣除该项1分；超额10%加2分
		销售增长率	与上月度的销售业绩相比，每增加5%，加1分，负增长超过20%扣1分，40%扣2分。
		转化率	转化率计算方式：成交量÷访问量X100% 转化率低于1.5%时扣3分 转化率低于1%时扣2分 转化率小于0.5%时分数为0
		主推单品	① 主推单品销售比例为80%（含）不加分 ② 主推单品销售比例为100%以上加1分 ③ 主推单品销售比例低于80%扣1分
		退单率	退单率计算方式：退单量÷总订单量X100% 退单率大于1% 或等于1%扣5分
		咨询量	① 咨询量标准为450个应答/月 ② 咨询量低于80%该项目扣2分 ③ 咨询量低于60%该项目扣3分 ④ 咨询量低于30%该项目扣5分
		交易纠纷	如因客服态度恶劣导致客户投诉，扣5分
		个人成交率	成交量=个人订单量÷总订单量x100% 个人成交率占总订单量10%以下扣2分 个人成交率占总订单量5%以下为0分 * 本考核项目百分比依据团队人数数目不定期调整

图5-2-16　客服绩效考核表

任务评价

根据完成情况对本次结果进行打分,评比表共分为关键业绩指标及日常绩效指标2个维度,如图5-2-17所示。

绩效考核指标	主管级以下客服	主管级以上客服
关键业绩指标	咨询转化率	客服销售占比
	平均响应时间	咨询转化率
	答问比	客服退款率
	回复率	客服好评率
		平均响应时间
日常绩效指标	培训参与度	活动参与度
	活动参与度	团队建设
	团队协作性	全局观与创新力
	执行力	成本意识

图5-2-17 直播电商客服考核指标

每个维度根据实际完成情况进行打分,如图5-2-18所示。

考核内容		是否合格		
产品方面	产品属性	是		否
	产品热卖点	是		否
	店铺活动	是		否
日常交接	日常/售后交接人	是		否
	日常/售后交接人上班时间	是		否
店铺情况	发票/收据问题	是		否
	发货时间	是		否
	默认快递及邮费	是		否
	备选快递及邮费	是		否
	发货/退换货地址	是		否
	赠送礼物详情	是		否
	好评返现详情	是		否
	打包方式	是		否
	客服权限	是		否
客服操作	整理服务用语	是		否
汇总		合格率		
备注:合格率低于80%的不予通过,重新考核;高于80%即可通过。				

图5-2-18 客服考核内容

任务操作

1. 直播间客服数据统计

填写表 5-2-6。表格使用说明如下。
(1) 使用时间维度:以日为单位;
(2) 适用岗位:客服及客服团队管理人员。

表5-2-6 客服数据统计表

直播电商客服日常报表							
日期	接待人数	询单人数	当日付款人数	询单转化率	客单价	销售额	响应时间	好评数

2. 客服售前考核指标

客服售前考核指标如图 5-2-19 所示。

项目	具体指标		评分原则	指标定义/计算公式
售前关键指标	销售额	询盘转换率	百分比计分制	个人转化率/目标×100% 目标=平均转化率×增长值
		店铺销售总额	百分比计分制	实际完成额/目标销售额×100%
		产品连带	百分比计分制	实际完成额/目标销售额×100%
	服务质量	服务态度	单项否决制	对客户的询问，表达模糊不清或者置之不理者每次扣1分，4次以上者该项目为0分
			百分比计分制	客服中差评率
		评价回复	单项否决制	对有问题的评价给出解释，发现延迟、错误、遗漏每次/处扣0.5分
		反应时间	百分比计分制	反应时间不得超过20秒，每超过1秒扣1分

图5-2-19 客服售前考核指标

3. 客服售后考核指标

客服售后考核指标如图 5-2-20 所示。

项目	具体指标	评分原则	指标定义/计算公式
售后关键指标	退款速度	百分比计分制	（本店退款速度/行业退款速度）×100%
	退款原因正确归类	单项否决制	分类不正确，按情节一次扣2~5分
	服务态度	单项否决制	所有店铺客服中差评率，高于此比例，视情况扣 2~5 分
	问题处理及时率	单项否决制	对于各类售后问题，及时处理，如有延迟扣2分
	独立处理能力	单项否决制	① 独立处理售后问题达到 90%以上，该项满分； ② 独立处理售后问题达到 80%以上 90%以下，该项得 8~9 分； ③ 独立处理售后问题达到 70%以上 80%以下，该项得 6~7 分； ④ 独立处理售后问题不及 70%，该项 0 分； 对于咨询已经处理过的事情，再次发生时不知道怎么解决或者需要再次询问的，直接扣 5 分/次。

图5-2-20 客服售后考核指标

4. 直播电商客服信息表

填写表 5-2-9 所示的客服信息表。

表5-2-9 客服信息表

用户数据：

近七天：

基础资料		销售额KPI(40%)	成交转化率KPI(20%)			客单价KPI(20%)	平均响应时间KPI(10%)	投诉率(10%)
序号	姓名	累计销售	下单人数	付款人数	成交转化率	客单价	平均响应时间	投诉率

5. 直播实训评比表

填写表 5-2-10 所示的直播考核内容评分表。

表5-2-10 直播实训评比表

考核内容		是否合格			
产品方面	产品属性	是		否	
	产品热卖点	是		否	
	店铺活动	是		否	
日常交接	日常/售后交接人	是		否	
	日常/售后交接人上班时间	是		否	
店铺情况	发票/收据问题	是		否	
	发货时间	是		否	
	默认快递及邮费	是		否	
	备选快递及邮费	是		否	
	发货/退换货地址	是		否	
	赠送礼物详情	是		否	
	好评返现详情	是		否	
	打包方式	是		否	
	客服权限	是		否	
客服操作	整理快捷服务用语	是		否	
汇总	合格率				

备注：合格率低于80%的不予通过，重新考核；高于80%即可通过。

任务实践评价

项目设计与岗位工作对接，任务设置合理、具体，教学目标明确，符合专业培养标准，体现知识、能力、素质全面发展的理念。遵循职业教育规律，科学合理设计教学过程，要体现与实训过程对接。

(1) 有明确具体的实训要求，严格执行安全、文明等规定，学生无违纪与事故发生。

(2) 教·学·练·做一体，体现工学结合等职业教育特色。

(3) 注重学生能力培养、创新意识培养，注重学生安全、文明、敬业、负责、诚信、守时、团队协作等职业素质的养成。

(4) 进行巡回检查，及时答疑、指导与讨论，注重启发、引导学生自学和思考。

填写表 5-2-11 所示的表格。

表5-2-11　任务实践工单

<table>
<tr><td colspan="8">任务实践工单
时间：_____年___月___日——_____年___月___日</td></tr>
<tr><td colspan="2">专业名称</td><td colspan="2"></td><td colspan="2">班级</td><td colspan="2"></td></tr>
<tr><td rowspan="5">项目实训环节组织与实施</td><td colspan="2">实训内容</td><td colspan="5"></td></tr>
<tr><td colspan="2">工学项目</td><td colspan="5"></td></tr>
<tr><td colspan="2">所属任务</td><td colspan="5"></td></tr>
<tr><td colspan="2">知识技能点</td><td colspan="5"></td></tr>
<tr><td colspan="2">操作流程</td><td colspan="5"></td></tr>
<tr><td rowspan="5">评价与效果</td><td rowspan="2">评价标准</td><td>S</td><td>A</td><td>B</td><td>C</td><td>D</td></tr>
<tr><td></td><td></td><td></td><td></td><td></td></tr>
<tr><td>学生表现评价</td><td colspan="5"></td></tr>
<tr><td>学习计划</td><td colspan="5"></td></tr>
<tr><td>任务目标</td><td colspan="5"></td></tr>
</table>